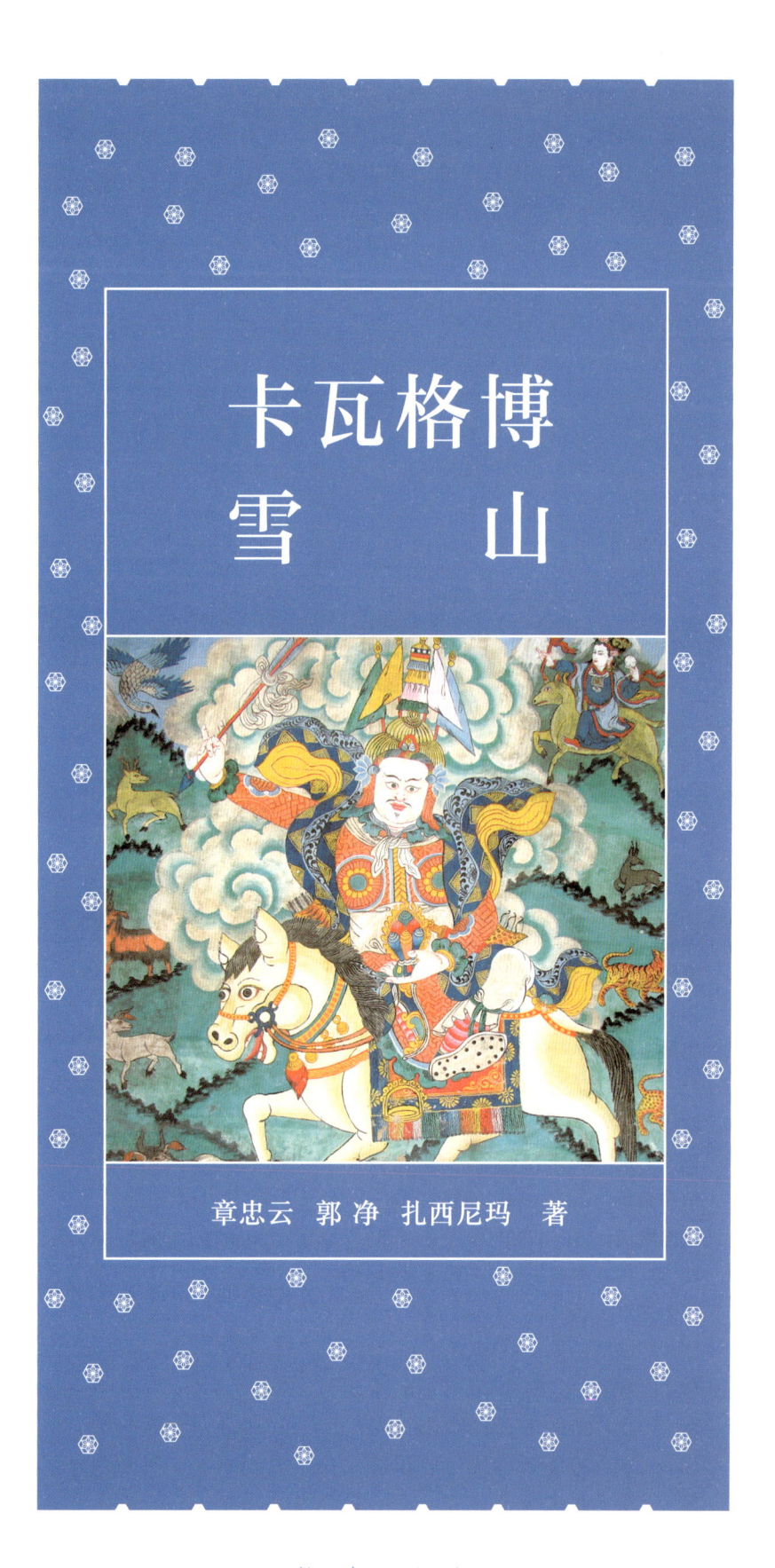

中·华·冰·雪·文·化·图·典

卡瓦格博雪山

章忠云 郭净 扎西尼玛 著

学苑出版社

图书在版编目（CIP）数据

卡瓦格博雪山 / 章忠云，郭净，扎西尼玛著 . —北京：学苑出版社，2024.1
（中华冰雪文化图典 / 张小军主编）
ISBN 978-7-5077-6635-6

Ⅰ.①卡… Ⅱ.①章…②郭…③扎… Ⅲ.①雪山—介绍—德钦县 Ⅳ.① K928.3

中国国家版本馆 CIP 数据核字 (2023) 第 062583 号

出 版 人：洪文雄
责任编辑：杨　雷　张敏娜
编　　辑：李熙辰　李欣霖
出版发行：学苑出版社
社　　址：北京市丰台区南方庄 2 号院 1 号楼
邮政编码：100079
网　　址：www.book001.com
电子邮箱：xueyuanpress@163.com
联系电话：010-67601101（营销部）、010-67603091（总编室）
印 刷 厂：中煤（北京）印务有限公司
开本尺寸：889 mm×1194 mm　　1/16
印　　张：10
字　　数：136 千字
版　　次：2024 年 1 月第 1 版
印　　次：2024 年 1 月第 1 次印刷
定　　价：98.00 元

《中华冰雪文化图典》编委会

主　编： 张小军　洪文雄

副主编： 方　征　雷建军

编　委：（按姓氏笔画排序）

王卫东　王建民　王建新　王铁男　扎西尼玛
方　征　白　兰　吕　植　任昳霏　任德山
李作泰　李　祥　杨宇菲　杨福泉　吴雨初
张小军　单兆鉴　居·扎西桑俄　洪文雄
洛桑·灵智多杰　高煜芳　郭　净　郭　磊
萧泳红　章忠云　梁君健　董江天　雷建军
潘守永

人类的冰雪纪年与文化之道（代序）

人类在漫长的地球演化史上一直与冰雪世界为伍，创造了灿烂的冰雪文化。在新仙女木时期（Younger Dryas）结束的1.15万年前，气候明显回暖，欧亚大陆北方人口在东西方向和南北方向形成较大规模的迁徙。从地质年代上，可以说1.1万年前的全新世（Holocene）开启了一个气候较暖的冰雪纪年。然而，随着工业革命以来人类对自然环境的破坏，"人类世（The Anthropocene）"概念惨然出现，带来了又一个新的冰雪纪年——气候急剧变暖、冰雪世界面临崩陷。人类世的冰雪纪年与人类活动密切相关，英国科学家通过调查北极地区海冰融化的过程，预测北极海冰可能面临比以前想象更严峻的损失，最早在2035年将迎来无冰之夏。197个国家于2015年通过了《巴黎协定》，目标是将21世纪全球气温升幅限制在2℃以内。冰雪世界退化是人类的巨大灾难，包括大片土地和城市被淹没，瘟疫、污染等灾害大量出现，粮食危机和土壤退化带来生灵涂炭。因此，维护世界的冰雪生态，保护人类的冰雪家园，正在成为全世界的共识。

中华大地拥有世界上最为丰富的冰雪地理形态分布，中华冰雪文化承载了几千年来博大精深的优秀传统文化，蕴含着人类冰雪文化基因图谱。在人类辉煌的冰雪文明中，中华冰雪文化是生态和谐的典范。文化生态文明的核心价值是人类与自然之间的文化多样性共生、文化尊重与包容。探讨中华冰雪文化的思想精髓和人文精神，乃是冰雪文化研究的宗旨与追求。《中华冰雪文化图典》是第一次系统研究中华冰雪文化的成果，分为中华冰雪历史文化、雪域生态文化和冰雪动植物文化三个主题共15本著作。

一

中华冰雪历史文化包括古代北方的冰雪文化、明清时期的冰雪文化、民国时期的冰雪文化、冰雪体育文化和中华冰雪诗画。

古代北方冰雪文化的有据可考时在旧石器时代晚期到新石器时代前期。在贝加尔湖到阿尔泰山的欧亚大陆地区，曾发现多处描绘冰雪狩猎的岩画。在青藏地区以及长白山和松花江流域等东北亚地区，也发现了许多这个时期表现自然崇拜和动植物生产的岩画。考古学家曾在阿勒泰市发现了一幅约1万年前的滑雪岩画，表明阿勒泰地区是古代欧亚大陆冰雪文化的重要起源地之一。关于古代冰雪狩猎文化，《山海经·海内经》早有记载，且见于《史记》《三国志》《北史》《通典》《隋书》《元一统志》等许多古籍。古代游牧冰雪文化在新疆的阿尔泰山、天山、喀喇昆仑山三大山脉和准噶尔、塔里木两大盆地尤为灿烂。丰富的冰雪融水和山地植被垂直带形成了可供四季游牧的山地牧场，孕育了包括喀什、和田、楼兰、龟兹等20多个绿洲。古代冰雪文化特有的地缘文明还形成了丝绸之路和多民族交流的东西和南北通道。

明清时期冰雪文化的特点之一是国家的冰雪文化活动，特别是宫廷冰嬉，逐渐发展为国家盛典。乾隆曾作《后哨鹿赋》，认为冰嬉、哨鹿和庆隆舞三者"皆国家旧俗遗风，可以垂示万世"。冰嬉规制进入"礼典"则说明其在礼乐制度中占有重要位置。乾隆还专为冰嬉盛典创作了《御制冰嬉赋》，将冰嬉归为"国俗大观"，命宫廷画师将冰嬉盛典绘成《冰嬉图》长卷。面对康乾盛世后期的帝国衰落，如何应对西方冲击，重振国运，成为国俗运动的动力。然而，随着国运日衰，冰嬉盛典终在光绪年间寿终正寝，飞驰的冰刀最终无法挽救停滞的帝国。

民国时期的冰雪文化发生在中国社会的巨大转型之下，尤其体现在近代民族主义、大众文化、妇女解放和日常生活之中。一些文章中透出滑冰乃"国俗""国粹"之民族优越感，另一类滑冰的民族主义叙事便是"为国溜冰！溜冰抗日！"使我们看到冰雪文化成为一种建构民族国家的文化元素。与之不同，在大众文化领域，则是东西方文化非冲突的互融。如北平的冰上化装舞会等冰雪文化作为一种日常生活的文化实践，在东方与西方、传统与现代、精英与百姓、国家与民众的文化并接过程中扮演了重要的角色，形成了中西交融、雅俗共赏、官民同享的文化转型特点。

近代中国社会经历了殖民之痛，一直寻求着现代化的立国之路。新文化运动后，舶来的"体育"概念携带着现代性思想开始广泛进入学校。当时清华大学、燕京大学、南开大学等均成立了冰球队，并在与外国球队比赛中取得不俗战绩。1949年新中国成立后，"发展体育运动，增强人民体质"成为"人民体育"发展的基本原则，广泛推动了工人、农民和解放军的冰雪体育，为日后中国逐渐跻身冰雪体育强国奠定了基础。

中华冰雪诗画是一道独特的风景线。早在新石器和夏商周时代，已经有了珍贵的冰雪岩画。唐宋诗画中诗雪画雪者很多，唐代王维的《雪中芭蕉图》是绘画史上的千古之争，北宋范宽善画雪景，世称其"画山画骨更画魂"。国家兴衰牵动许多诗画家的艺术情怀，如李白的《北风行》写出了一位思念赴长城救边丈夫的妇人心情："……箭空在，人今战死不复回。不忍见此物，焚之已成灰。黄河捧土尚可塞，北风雨雪恨难裁。"表达了千万个为国上战场的将士家庭，即便能够用黄土填塞黄河，也无法平息心中交织的恨与爱。

二

雪域生态文化包括冰雪民族文化、青藏高原山水文化、卡瓦格博雪山与珠穆朗玛峰。

中华大地上有着世界之巅珠穆朗玛峰和别具冰雪文化生态特点的青藏雪域高原；有着西北阿尔泰、天山山脉和祁连山脉；有着壮阔的内蒙古草原和富饶的黑山白水与华北平原；有着西南横断山脉。雪域各族人民在广袤的冰雪地理区域中，创造了不同生态位下各冰雪民族在生产、生活和娱乐节庆等方面的冰雪文化，如《格萨尔》史诗生动描述的青稞与人、社会以及多物种关系的文化生命体，呼唤出"大地人（autochthony）"的宇宙观。

青藏高原的山水文化浩瀚绵延，在藏人的想象中，青藏高原的形状像一片菩提树叶，叶脉是喜马拉雅、冈底斯、唐古拉、巴颜喀拉、昆仑、喀喇昆仑和祁连等连绵起伏的山脉，而遍布各地的大大小小的雪山和湖泊，恰似叶片上晶莹剔透的露珠，在阳光的照耀下熠熠生辉。青藏高原上物种丰富的生态多样性体现出它们的"文化自由"。人类学家卡斯特罗（E. de Castro）曾提出"多元自然论（multinaturalism）"，反思自然与文化的二元对立，强调多物种在文化或精神上的一致性，正是青藏高原冰雪文化体系的写照。

卡瓦格博雪山（梅里雪山）最令世人瞩目的是其从中心直到村落的神山体系。如位于卡瓦格博雪峰西南方深山峡谷中的德钦县雨崩村，是卡瓦格博地域的腹心地带，有区域神山3座，地域神山8座，村落神山15座。卡瓦格博与西藏和青海山神之间还借血缘和姻缘纽带结成神山联盟，既是宗教的精神共同体，也是人群的地域文化共同体。如此无山不神的神山体系，不仅是宇宙观，也是价值观、生活观，是雪域高原人类的文明杰作。

珠穆朗玛峰白雪皑皑的冰川景观，距今仅有一百多万年的历史。然而，近半个世纪来，随着全球变暖，冰川的强烈消融向人类敲响了警钟。从康熙年间（1708—1718）编成《皇舆全览图》到珠峰出现在中国版图上，反映出中西方相遇下的帝国转型和主权意识萌芽。从西方各国的珠峰探险，到英国民族主义的宣泄空间，再到清王朝与新中国领土主权与尊严的载体，珠峰"参与"了三百年来人与自然、科技与多元文化的碰撞，成为世人瞩目的人类冰雪文化的历史表征。今天，世界屋脊的自然生态和文化生态保护形势异常严峻，拉图尔（B. Latour）曾经这样回答"人类世"的生态难题：重新联结人类与土地的亲密关系，倾听大地神圣的气息，向自然万物请教"生态正义（eco-justice）"，恭敬地回到生物链上人类应有的位置，并谦卑地辅助地球资源的循环再生。

三

冰雪动植物文化包括青藏高原的植物、猛兽以及牦牛、藏獒、猎鹰与驯鹿。

青藏高原的植物充满了神圣性与神话色彩。如佛经中常说到睡莲，白色睡莲象征慈悲与和平，黄色睡莲象征财富，红色睡莲代表威权，蓝色睡莲代表力量。青藏高原共有维管植物1万多种，有菩提树、藏红花、雪莲花、格桑花等国家一级保护植物和珍贵植物品种。然而随着环境的恶化和滥采乱挖，高原的植物生态受到严重威胁，令人思考罗安清（A. Tsing）在《末日松茸》中提出的一个严峻问题：面对"人类世"，人类如何"不发展"？如何与多物种共生？

在青藏高原的野生动物中，虎和豺被世界自然保护联盟列为等级"濒危"的物种，雪豹、豹、云豹和黑熊被列为"易危"物种。在"文革"期间及其之后的数十年中，高原猛兽一度遭到大肆捕杀。《可可西里》就讲述了巡山队员为保护藏羚羊与盗猎分子殊死战斗的故事，先后获得第17届东京国际电影节评委会大奖以及金马奖和金像奖，反映出人们保护人类冰雪动物家园的共同心向。

大约在距今200万年的上新世后半期到更新世，原始野牦牛已经出现。而在7300年前，野牦牛被驯化成家畜牦牛，成为人类生产、生活的重要伙伴。《山海经·北山经》有汉文关于牦牛最早的记载。牦牛的神圣性体现在神话传说中，如著名的雅拉香波山神、冈底斯山神等化身为白牦牛的说法；中华民族的母亲河长江，藏语即为"母牦牛河"。

青海藏南亚区位于青藏高原东南部边缘，地形复杂，多南北向深切河谷，植被垂直变化明显，几百种鸟类分布于此。特别在横断山脉及其附近高山区，存在部分喜马拉雅—横断山区型的鸟类，如雉鹑、血雉、白马鸡、棕草鹛、藏鹀等。1963年，中国科学院西北高原生物研究所科考队在玉树地区首次采集到两号藏鹀标本。目前，神鸟藏鹀的民间保护已经成为高原鸟类保护的一个典范。

在欧亚草原游牧生活中，猎鹰不仅是捕猎工具，更是人类情感的知心圣友。哈萨克族民间信仰中的"鹰舞"就是一种巴克斯（巫师）通鹰神的形式。哈萨克族人民的观念当中，鹰不能当作等价交换的物品，其价值是用亲情和友情来衡量的。猎鹰文化浸润在哈萨克族、柯尔克孜族牧民的生活中，无论是巴塔（祈祷）祝福词，还是婚礼仪式，以及给孩子起名，或欢歌乐舞中，都有猎鹰的影子。

驯鹿是泰加林中的生灵，"使鹿鄂温克"在呼伦贝尔草原生存的时间已有数百年。目前，北极驯鹿因气候变暖而大量死亡，我国的驯鹿文化也因为各种环境和人为原因而趋于消失，成为一种商业化下的旅游展演。费孝通的"文化自觉"，正是对禁猎后的鄂伦春人如何既保护民族文化又寻求生存发展所提出的："文化自觉"表达了世界各地多种文化接触中引起的人类心态之求。"人类发展到现在已开始要知道我们各民族的文化是哪里来的？怎样形成的？它的实质是什么？它将把人类带到哪里去？"

相信费孝通的这一世纪发问，也是对人类世的冰雪纪年"怎样形成？实质是什么？将把人类带向哪里？"的发问，是对人类冰雪文化"如何得到保护？多物种雪域生命体系如何可持续生存？"的发问，更是对人类良知与人性的世纪拷问！

《中华冰雪文化图典》丛书定位于具有学术性、思想性的冰雪文化普及读物，尝试展现中华优秀传统冰雪文化和冰雪文明的丰厚内涵，让"中华冰雪文化"成为人类文化交流互通的使者，将文明对话的和平氛围带给世界。以文化多样性、文化共生等人类发展理念促进人类和平相处、平等协商，共同建立美好的人类冰雪家园。

本丛书由清华大学社会科学学院人类学与民族学研究中心组织的"中华冰雪文化研究团队"完成。为迎接2022年北京冬季奥运会，2021年底已先期出版了精编版四卷本《中华冰雪文化图典》和中英文版两卷本《中华冰雪运动文化图典》。本丛书前期得到北京市社科规划办、清华大学人文振兴基金的支持，谨在此表示衷心的感谢！并特别向辛勤付出的"中华冰雪文化研究团队"全体同人、学苑出版社的编辑人员表示深深的谢意！感谢大家共同为中华冰雪文化研究做出的努力和贡献！

张小军

于清华园

2023 年 10 月

目　录

导言：自然圣境 　　　　　　　　　　　　　　　　　001

第一章　卡瓦格博雪山的自然地理背景　　　　　　　013

第二章　卡瓦格博雪山的文化地理定位　　　　　　　026

第三章　卡瓦格博雪山山神的确立　　　　　　　　　048

第四章　卡瓦格博雪山的内部空间　　　　　　　　　070

第五章　卡瓦格博雪山的外部空间　　　　　　　　　102

结语：自然圣境的意义　　　　　　　　　　　　　　136

参考文献　　　　　　　　　　　　　　　　　　　　139

导言：自然圣境

在卡瓦格博雪山转经的山路上，阿觉娃（藏语对转经者的称呼）会停下脚步，在一块大石头前面烧香。据说，在这石头里面藏着"日告"，意为"看不见的村庄"。在藏文化里，"日告"和汉地传说中的桃花源不一样，据说现在卡瓦格博雪山周围的村落中，有两个"日告"，一个名叫"雨崩"，另一个叫"之拉"。

之拉位于偏远的山头上，至今没有多少外人去拜访。雨崩村藏在雪山的最深处，当它"隐身"的时候，它属于内部空间[1]的圣地之一。离它最近的村子，是隔着一座大山，坐落在澜沧江干热河谷台地上的西当村。传说西当人凭借自己的聪明发现了雨崩村，后来，雨崩村成了迪庆香格里拉最火爆的旅游景点。当地人认为，游客的到来虽然改变了雨崩村的外貌，但却不容易改变它的内在，因为，雨崩村的内部空间，并不那么容易为来自尘世的众生所见。当地人还相信，从空中看下去，雪山深处还有别的"日告"，它们犹如亿万个乐土，隐藏在广袤无垠的宇宙之中。

"山中才数日，世上已千年"，这个民间谚语道出了一个现象：相较于外部空间飞驰般的变化，内部空间可以近乎永恒。这种永恒有两个支撑点：一个相对完整的生态环境；一个跟它共存的地方性文

---

[1] 青海省果洛藏族自治州的堪布扎西桑俄带领当地僧人和牧民调查年保玉则神山及周边的生态环境，运用佛学理论，将神山划分为三个空间，分别为外部空间（众生看见尘世）、内部空间（神灵看见天国）、秘密空间（佛陀看见寂灭）。

化。这两者所构成的景观，当代学术界称之为"自然圣境"（Sacred Natural Sites，SNS）。它特指"由原住民族和当地人公认的赋有精神和信仰文化意义的自然地域。因为它把自然系统和人类文化信仰系统融合到一起，对自然景观赋予一个特定的文化含义"[1]。这一概念最早出现于民族植物学圈内，20世纪80年代，中国、印度、英国、美国等国家都开展了相关研究。[2]1992年，在美国弗吉尼亚大学的会议上统一命名；1998年，在联合国教科文组织主持召开的西双版纳自然圣境会议，以及2003年在昆明召开的"自然圣境对生物多样性保护的重要性"国际会议上做了科学定义；2005年在东京召开的SNS与文化景观学术研讨会，确认了这一概念对生物多样性保护的意义。[3]我国自然圣境研究的先驱、民族植物学家裴盛基认为："自然圣境是建立在传统文化信仰基础上的民间自然保护地体系。"自然圣境不是一个纯自然的生态系统，而是人与自然长期相互影响形成的"人-地"生态系统。[4]如今，这一概念已经发展成为一个专门的研究领域。

关于自然圣境的认识，在各个民族的文化中有不同形式的呈现，可称之为"圣境认知"（knowledge of sacred natural sites）。过去，自然圣境就像看不见的村庄，只对它的信仰者有意义，村民们会在每天清晨焚香念经，祈祷山神、水神、风神、树神、土地神的保佑，并在神灵管辖的地域约束自己的行为。而今天，当人类与其赖以生存的环境濒临决裂的时刻，自然圣境的价值终于显形。正如"日告"和"香巴拉"的传说所言，圣地并非自然显现，而是人们发现了它。从这个意义上讲，当人类面临危机时，便为圣境认知与现代环境科学的对话，提供了可能性。

卡瓦格博也有一段被外界发现的历史。从中古到近代，先是纳西人的军队，再是西方的传教士和砍伐者，后来是清朝和民国的官兵，

---

[1] 《自然圣境与生物多样性保护国际研讨会简报》，《人与生物圈通讯》2003年第3期。
[2] 裴盛基：《自然圣境与生物多样性保护》，《中央民族大学学报》（自然科学版）2015年第4期。
[3] 裴盛基：《自然圣境与生物多样性保护》，《中央民族大学学报》（自然科学版）2015年第4期。
[4] 裴盛基：《自然圣境与生物多样性保护》，《中央民族大学学报》（自然科学版）2015年第4期。

他们闯入滇西北的崇山峻岭。再往后，筑路和伐木的工人、游客以及学者等更多普通人接踵而来，他们不仅像《百年孤独》里的吉卜赛魔术师，为这里带来了另类的信仰，还让这里发生了巨大的改变。甚至把卡瓦格博这座雪山的名字都"改"成了"梅里"。这一系列变化起初只是一个单向的过程，到20世纪90年代，一个重要的转折终于来临，导致这一转折的三个事件，均触及了自然圣境的根本。

（一）梅里山难[1]

1979年，西藏和新疆的部分山峰宣布开放，开展登山运动。从1987至2000年，美国克林奇登山队、日本上野登山队、日本京都大学和中国登山协会的联合登山队，以及中国西藏登山队，五次试图攀登海拔6740米的卡瓦格博雪山（登山队和媒体称之为梅里雪山），均以失败告终。最惨痛的事件发生在1991年1月3日，17名中日登山队员被雪崩掩埋，无一生还。

在前期的攀登过程中，当地人对"登山"并无概念。可当他们明白外来的登山者是要爬到卡瓦格博峰峰顶的时候，便做出了抵制的行动。到1999年，"千禧年梅里登顶"活动更引发了热烈的网络讨论。

▷ 图1
1999年8月9日，明永村村长大扎西、村民达娃（左）和日本登山队队员小林尚礼（右前）寻找梅里山难遇难者遗物
（郭净 摄影）

---

1 详情参见郭净：《雪山之书》第一至第四章，云南人民出版社，2002年。

在奚志农、梁从诫、杨福泉、吕植等环保工作者和德钦县政府的共同努力下，该活动被制止。

关于1991年山难的疑问至今还萦绕在人们心中，关于生死，关于信仰，关于自然的神圣……为了回答这些问题，本书的三位作者做了多年的田野调查；卡瓦格博的子民们也打破沉默，用汉文和藏文写下他们的所思所想。[1] 这些声音，使不同信念之间的对话有了可能。

（二）木头财政转向旅游财政

长江上游自古便是一片丰饶之地，可到民国年间，四川、云南境内的森林破坏已渐趋严重。据有关统计，清末民初到1949年，四川的森林覆盖率从40%下降到20%，云南则从52%下降到40%。从20世纪五六十年代森工企业的大规模采伐和"大跃进"时期的乱砍滥伐，再到"文革"时期毫无约束的砍伐，以及20世纪八九十年代的大规模商业性采伐和个体盗伐，长江上游的天然林遭到极大摧残。[2] 之后，因地方政府的财政收入高度依赖木材产业的税收，当地人将这种发展模式称为"木头财政"。云南省迪庆藏族自治州的财政在最巅峰阶段，木材税收占到全州财政收入的80%左右；而该自治州所属的德钦县，1995年由森工企业上缴的利税，竟占了全部利税的91%。[3] 这种单一的经济开发模式，也给当地社区带来负面的作用。有村民回忆说：

> 那时候木材公司拼命砍，周边的村子也拼命砍，所以白马雪山那么大的山，很短时间内就被砍光了，连一些我们藏族的神山也被砍光了。[4]

---

[1] 德钦藏人已经撰写了多部关于卡瓦格博的著作，详见参考文献。
[2] 刘志文：《长江上游地区天然林保护的政策研究》，西南林业大学博士学位论文，2001年。
[3] 张辉：《环境意识与地方性的重构》，《中国农业大学学报》2020年第2期。
[4] 张辉：《环境意识与地方性的重构》，《中国农业大学学报》2020年第2期。

△ 图 2　20 世纪 90 年代中国环保先行者

从左至右：索南达杰、梁从诫、马霞、唐锡阳、奚志农

扎巴多杰、龙勇诚、沈孝辉、吕植、裴盛基

　　至 20 世纪 90 年代中期，这种长时段的掠夺性砍伐，给当地及长江全流域带来的生态问题已经凸显，由此引起了环保界的关注。1996 年初，倡导民间环境问题调查的唐锡阳从奚志农那里得知滇西北白马雪山天然林遭严重破坏的消息，便发起第一届"大学生绿色营"，组织大学生赴德钦县调查原始森林砍伐以及滇金丝猴生存状况。1998 年，沈孝辉出版了记录唐锡阳和 1996 年"大学生绿色营"在德钦调查的著作《雪山寻梦》。这次调查和这本书，成为中国环保史上的一个里程碑，它不仅培养了第一批大学生环保志愿者，而且，把公众舆论的关注点引到了偏远的滇西北，揭示了森林砍伐、攀登雪山等外部开发行为对当地自然和人文环境的侵蚀。

　　由于民间环保行动组织的推动，以及 1998 年长江流域大洪水的警示，国家于当年正式批准《长江上游、黄河上中游地区天然林资源保护工程实施方案》，在长江上游和黄河上中游地区全面实行天然林禁伐。[1] 国家战略的转变，使地方财政很快陷入窘境，禁伐前，德钦县每年财政收入有900多万元，90%以上来自木材经营税收。禁伐后，1999年德钦县财政收入跌至400多万元。就在这时，梅里登山的影响日益扩大，让当地官员看到了从"木头财政"转向"旅游财政"的契机。1998年9月，德钦县政府提出"将旅游业培育成支柱产业"的口号。1999年，《梅里雪山生态旅游区总体规划》开始编制，2000年正式启动，总投资为7676万元。[2] 2001年10月11日，德钦县政府与美国大自然保护协会（The Nature Conservancy，TNC）等机构合作，召开了"梅里雪山保护和发展国际研讨会"，时任县长吾金丁争发言时阐明了停止木材砍伐后该县发展旅游的新思路：

> 谈及德钦的发展、德钦的未来同样也离不开梅里雪山。因为我们确信，德钦未来的发展离不开旅游业的支撑，而德钦旅游业发展的重心也只能是梅里雪山。梅里雪山，在旅游者眼里，是无与伦比的自然杰作，冰清玉洁，令人叹为观止；在信教藏民眼里，是最具人格化的神山，她至尊、至圣、至神、至高无上，凡人只能顶礼膜拜；在旅游专家眼里，是取之不尽、用之不竭的旅游资源，是少有的可以做大手笔的旅游精品；在投资家眼里，是蕴藏巨大商机的风水宝地。[3]

为配合旅游开发，当地官员从此在公开场合甚少提及"卡瓦格博"，而改称为"梅里雪山"。[4] 对此战略，云南省政府亦给予大力支持，把梅里雪山列入了省级旅游开发区，州政府把它列入全州八条旅游黄金线路之一，国家计委也将它列为西部大开发旅游国债支持项目的景区之一。

---

[1] 周生贤：《在天然林资源保护工程工作会议上的讲话》，《中国林业》2001年第1期。
[2] 德钦县政府：《德钦年鉴》(2001)，云南美术出版社，2001年，第54—55页。
[3] 吾金丁争：《在梅里雪山保护和发展国际研讨会上的讲话》，《德钦年鉴》(2001)，第29页。
[4] 德钦县政府：《德钦年鉴》(2001)，云南美术出版社，2001年，第53—54页。

迅速崛起的旅游带来了葡萄种植、水电开发、城市扩展、快速交通干线等新事物，游客蜂拥而至的几个村庄很快受益，地方财政得到改善。但这些新兴产业对当地生态环境、经济和社会结构以及信仰所造成的其他影响，也逐渐暴露。旅游不仅没有解决，而且加深了因登山带来的困惑，使新旧思想的冲突，从外部渗透到了当地的每一个村庄和家庭。

（三）滇西北国际环保项目

边缘地带的快速中心化，是这个时代的一个普遍现象。攀登雪山、天然林禁伐、旅游爆红、申报世界自然遗产……把原本蜷缩在横断山最深处的德钦，一下子拉进了全球互联互通的网络之中。然而，凡事都有两面，当年登山队初次进入雨崩村的时候，村民以为"登山"就是上山采菌子。到1998年，他们又接触到一个新的汉语词汇：环保。这一外部输入的概念被当地人所理解，还有待一场大规模环保试验的发生。

1998年6月，一个名为"滇西北大河流域保护与发展计划"（Yunnan Great Rivers Conservation and Development Project）的国际合作项目在云南启动，该项目的合作双方为云南省政府和美国大自然保护协会（TNC）。这一行动计划的核心是生物多样性的考察与保护，其覆盖的区域包括滇西北的大理、丽江、迪庆和怒江四个地区。

负责该项目总体规划的TNC于1951年创立，在美国拥有并管护着1600个自然保护区，与30多个国家保持着合作关系，建立了全球最大的民营自然保护区体系。[1] 在此前，TNC在美国、拉美和太平洋地区的保护策略有两个特点：一是靠土地征用的方法建立孤立的自然保护区；二是这些保护区均无本地居民，其关注点仅限于生物多样性。到20世纪后期，这种古典的环保理念和方法逐渐受到冲击。20世纪60至80年代，遍及欧美的民权和平权运动（Civil Rights Movement &

1　牛红卫：《大自然保护协会及在中国的行动》，《人民长江》2007年第6期。

Affirmative Action）波及了环保领域，当地人的公平权益逐渐受到重视，环境研究随之发生三个转向：

> 对生存发展权的关注，导致将社会关系纳入生态研究；对传统知识产权的关注，导致将生态研究纳入文化框架；对文化主体表达的关注，导致学者们试图用讲故事的方式填补学术话语和地方话语的空隙。[1]

随着认识的深化，生物与文化多样性的密切联系日益成为学术界和大众的共识，最近20多年，在联合国的主导下，世界各国共同签订了一系列生物多样性和文化多样性保护的公约，联合国教科文组织也在世界自然遗产、文化遗产认定的基础上，增加了"世界自然文化双遗产"（World Heritage – Mixed Property）的内容，截至目前，在全球确认了39项双遗产，其中有4项在中国。

近年，开始有学者尝试将保护生物学与文化研究加以整合，将生物多样性和文化多样性两个术语合并，提出了生物文化多样性（biocultural diversity）的新概念，以跨越自然科学与社会科学的鸿沟，建立一种生物文化视角（biocultural perspective），倡导环境保护的生物文化路径（biocultural approach）；[2]甚至通过绘制"西南地区生物文化多样性地图"的方式，探寻整合生物和文化多样性数据的方法。[3]

进入滇西北后，TNC面临着前所未有的复杂状况，该地区聚居着10多个少数民族和300多万乡村居民，他们的日常生活和宗教信仰与生态环境结合紧密。有鉴于此，TNC不能只凭一己之力推进工作，于是，80多位生态学、植物学、民族学的本地专家参加到实地调查和项目实施中，他们分别来自省、州、县各级科研机构，熟悉专

---

[1] 高国荣：《近二十年来美国环境史研究的文化转向》，《历史研究》2013年第2期。
[2] 毛舒欣、沈园、邓红兵：《生物文化多样性研究进展》，《生态学报》2017年第24期。
[3] 沈园、李涛、唐明方、邓红兵：《西南地区生物文化多样性空间格局定量研究》，《生态学报》2019年第4期。

业和地方情况，也比外国专家更了解当地文化。与当地学者的合作，促使TNC将生物多样性、文化多样性和可持续生计这三个方面结合在一起，发展出一整套新的策略。[1]其中最有价值的案例，是借助本土学者的力量和藏族社区的参与，在卡瓦格博地区寻找神山信仰传统与生物多样性保护相结合的途径。[2]

其间，本书的作者参与了《卡瓦格博拟建保护区对当地社区影响》的问卷调查；与德钦民间组织卡瓦格博文化社和TNC专家木保山（Robert K. Moseley）合作，完成了卡瓦格博神山圣迹的实地踏勘；并与其他8位来自省、州、县的学者[3]在历时近一年田野调查的基础上，共同完成了《滇西北大河流域保护与发展行动计划文化模块——迪庆子课题最终报告》，还出版了多部探讨卡瓦格博自然圣境的专著。[4]

以上三个事件均发生在20世纪90年代，它们作为外部的力量，在卡瓦格博地区，也在滇西北制造了一个转危为机的节点：以往，当地人依靠内生的"圣境认知"便能维持稳定的人地关系，但在全球化的大背景下，这种认知已无法像过去那样孤立存在，也难以单独回应扑面而来的新问题，甚至面临被现代物质欲望瓦解的危险。此时，从外部输入的"环保"观念很快被创造性地转化，被赋予新的内涵和意义，与原有的圣境认知相融合，催化了本土环境意识的觉醒。

---

[1] Robert K. Moseley and Renee B. Mullen,《The Nature Conservancy in Shangrila》, pp.131—133, Emily T. Yeh and Chris Coggins, edited, *MAPPING SHANGRILA*, University Washington Press 2014.

[2] Robert K. Moseley and Renee B. Mullen,《The Nature Conservancy in Shangrila》, pp.139, 140, 145, 146.

[3] 这些学者是：王晓松（藏族，迪庆州藏学院）、刘群（藏族，迪庆州志办）、和建华（白族，云南社科院）、张实（汉族，云南大学）、苏熊娟（汉族，云南师范大学）、尹红旗（汉族，云南省经研所）、汤元成（德钦县志办）。

[4] 章忠云：《云南藏族志·聆听乡音》，云南大学出版社，2006年；扎西尼玛、马建忠《雪山之眼》，云南民族出版社，2010年；郭净：《雪山之书》，云南人民出版社，2012年。

滇西北大河流域保护与发展计划刚刚启动的时候，一个名叫"卡瓦格博文化社"的当地民间机构刚刚诞生，主要成员有肖马、斯朗伦布、扎西尼玛、钟华、此里卓玛、马彩花、木梭等。在以后的10多年里，他们成为TNC、山水自然保护中心、乡村之眼等非政府机构的合作对象。但跟外来公益组织多注重动植物保护不同，文化社的关注点在本土文化的传承，他们的理念，是通过神山调查、藏文—佛学教育、民间歌舞传习和音像记录等手段来重新构建地方性知识体系，这一选择，在整个西部山地都具有示范意义。

与此同时，我们也和卡瓦格博文化社一样，一直在关注和参与本土环境意识觉醒的过程。2000年，我们和香格里拉县汤堆村的藏族制陶艺人孙诺七林师傅、德钦县茨中村藏族刘文增老师和吴公顶师傅合作，开展"乡村影像教育"的试验。我们的团队还创办了"云之南纪录影像展"，为云南、广西、贵州、四川、青海等地的各民族社区成员和环保机构提供交流的平台。经过一个惶惑、矛盾的适应期，当地的村民和干部已学会运用"环保"的话语，来表述与神山信仰有关的认识和行为，而我们也在持续的调查和学习过程中，把零碎的认识拼成一幅图画，渐渐触及卡瓦格博圣境的整体脉络。这是一个外来研究者与本土专家和民众相遇、对话和共同行动的过程，也是一个创造新观念，探索新方法，从底层构建地方性知识体系的尝试。

我们使用的基本概念有两个：一个为"自然圣境"，它力图超越自然与文化二分的世界观，强调传统知识在生物保护研究中的重要性；另一个概念是"外部空间与内部空间"。在此前的研究中[1]，我们将这两个空间的观念认定为卡瓦格博"自然圣境"最重要的命名与分类的基础。

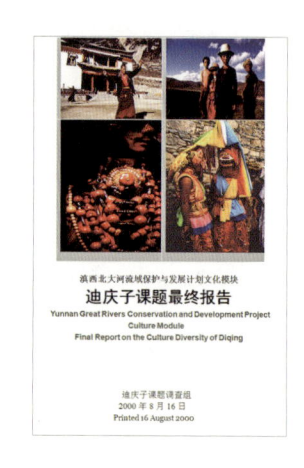

△ 图3　2000年8月提交给云南省政府和TNC的调查报告

---

[1] 迪庆子课题调查组：《滇西北大河流域保护与发展行动计划文化模块——迪庆子课题最终报告》（*Yunnan Great Rivers Conservation and Development Project: Culture Module Final Report on the Culture Diversity of Diqing*），2000年8月16日（未刊稿）；郭净：《一座自然的山，也是一座神圣的山》，许建初主编：《文化与生物多样性论文集》，云南科技出版社，2000年。

△ 图 4　滇西北本土的自然圣境研究者

大图：（左）斯朗伦布，（右）扎西尼玛

右图：（左上）钟华，（左下）此里卓玛，（中）马建忠，（右）仁钦多吉

（郭净、马建忠 供图）

△ 图 5　云南藏族研究者的部分著作（1997—2015）

（郭净、马建忠 供图）

得益于青海年目仓团队《年保玉则志》[1]对藏族神山信仰"三个空间"的理论梳理，让我们找到了将云南的地方性知识与藏族整体性世界观连接起来的入口。而藏学人类学者何贝莉的"三界宇宙观"研究，则展开了一个更广阔的视角，呈现出佛教"须弥山宇宙观"和前佛教时代"拉、鲁、念三界宇宙观"在青藏高原的相互融合。[2]这些具有开拓性的论述，为我们观察和分析卡瓦格博的自然圣境，提供了一种内在的视角。

本书的 3 位作者分别来自汉地和藏地的生活环境。从 20 世纪 90 年代末以来，我们就组建了多民族的研究行动团队，长期致力于滇藏山地文化与生物多样性的调查和保护，先后参与了乡村影像教育、滇西北大河流域保护与发展计划、云之南纪录影像展、卡瓦格博雪山调查的实践。本书是我们团队在国家社科基金项目资助下对该区域研究

1　年保玉则生态保护协会编：《青藏高原山水文化（年保玉则志）》，中国藏学出版社，2018 年。

2　何贝莉：《桑耶寺：仪式空间与文明的宇宙观》，北京大学博士学位论文，2013 年；《须弥山与拉、鲁、念》，《中国民族报》2014 年 3 月 14 日；《苯教及其三界宇宙观》，《中国藏学》2016 年第 2 期。

◀ 图6
卡瓦格博的朝圣者
（郭净 摄影）

的阶段性成果。[1]

卡瓦格博雪山，既是三江并流生物多样性的热点地区，也是该区域藏族人共同信仰的神山。我们的写作，依据10多年田野调查的经验，以及藏汉文献分析的工作，力图在生态环境保护的语境中，深入探讨卡瓦格博山神信仰的源流、内外空间分类，以及自然圣境观对社区环保行动及学术研究的意义。卡瓦格博雪山不是一座孤峰，它包括了200多座区域的、村庄的，甚至家庭的神山，它是一个庞大的雪山群和神灵家族。它们是观念的，也是视觉的存在。为此，本书意欲借助大量图片展示卡瓦格博雪山的全貌和细节，并用地图绘制的方式，对核心区4个村庄的神山，以及内外转经路途中的圣迹予以细致的标注和研究。

在调查过程中，有6位与我们长期合作的藏族友人相继离世，他们是藏学家王晓松先生、永宗村的李鸿基老师、汤堆村的孙诺七林师傅、茨中村的刘文增老师、吉沙村的旺扎大叔、雾龙顶的阿牛校长，谨以此书表达对他们的深切怀念！

这著作虽然由我们3人执笔，但汇集了很多同行者的成果，并得到当地民众、学者和干部的帮助。在此，谨向他们表达诚挚的谢意！

---

1 国家社科基金项目"云南藏区生态保护地社区问题及对策研究"（项目编号19BMZ150）阶段性成果。

第一章
卡瓦格博雪山的自然地理背景

每座壮丽的山岳都包括两个含义：它是一座自然的山，又是一座神圣的山。卡瓦格博就是这样一个物质实在和精神象征的聚合体。

一、三个地理概念

当我们在现代科学的框架中谈论卡瓦格博的时候，必然涉及三个地理概念，它们是"青藏高原""横断山系""三江并流"。

（一）青藏高原

青藏高原是由喀喇昆仑山（西）、横断山脉（东）、昆仑山（北）、喜马拉雅山（南）几条巨大山脉围合的广袤山地，其面积达230万平方千米，约占我国陆地面积的1/4。它的平均海拔超过4000米，是地球上最高的高原，号称"世界屋脊"。[1] 它的形成，经过了地质时代第三纪和第四纪三次高原隆升的阶段，并造就了中国三级台阶逐层下降的地貌阶梯格局：第一台阶为青藏高原及周边山脉，平均海拔4000米以上；第二台阶为云贵高原、四川盆地、秦岭山地、黄土高原、内蒙古高原、准噶尔盆地、柴达木盆地，平均海拔1000—2000米；第

---

[1] 孙鸿烈、李文华、章铭陶、韩裕丰：《青藏高原综合科学考察》，《自然资源》1986年第3期。

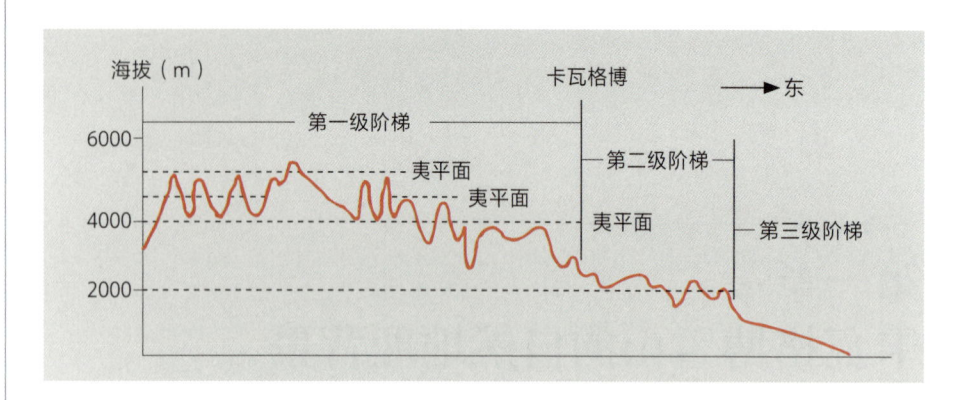

▲ 图1-1 卡瓦格博在中国地貌三级台阶中的位置
［注：根据明庆忠《纵向岭谷北部三江并流区河谷地貌发育及其环境效应研究》（兰州大学博士学位论文，2006年）第119页插图修改］

三台阶为东部丘陵和平原，大多数海拔在500米以下。[1]卡瓦格博所处的位置，接近第一阶梯和第二阶梯的交接点，正位于青藏高原和横断山系的大转折处。

（二）横断山系

"横断山系"，又称"横断山区""横断山地""横断山脉"，是近代才产生的地理概念。据陈富斌的考证，横断山脉一词，最早出现于邹代钧撰写的《京师大学堂中国地理讲义》（1900—1901）第一卷《亚细亚总论》：

> 阿尔泰山系与希马剌亚山系间之高原……有大沙积石山，迤南为眠山，为雪岭，为云岭，皆成自北而南之山脉，是谓横断山脉，蜿蜒中国本部之西，自此以东，则属东部之亚细亚。[2]

---

1 施雅风、李吉均、李炳元：《晚新生代青藏高原的隆升与东亚环境变化》，《地理学报》1999年第1期。

2 陈福斌：《横断山脉一词的由来》，《山地研究》1984年第3期。

对这一名称的解释，从20世纪初到50年代有诸多说法，大多数学者认为，因这一山脉的走向与中国山系东西横列的大势相逆，呈南北排列而得名。鉴于横断山并非一条单独的山脉，而是由诸多山脉构成的广阔山地，本文拟遵从陈福斌的说法，将之称为"横断山系"[1]。

20世纪50年代以来，中国科学家曾对青藏高原进行过多次综合科考。70年代末，青藏高原的综合科学考察再次被列入国家重点研究项目，据《中国科学院青藏高原（横断山部分）1981—1985年综合科学考察计划纲要》，此次科学考察的第二阶段工作，将移至东部的横断山区。学者们经过多年调查，发表了《青藏高原研究：横断山考察专集》和一系列论文，终于厘清了横断山系的结构。

横断山系与青藏高原其他部分强烈隆起的时代一致，隆起幅度相近，发育历史也基本相似。因此，它属于青藏高原这个巨型构造地貌单元的东部延伸部分；其主体是南迦巴瓦以东覆盖川、藏、滇、青、甘36.4万平方千米的山地，它与南部的喜马拉雅山脉，北部的昆仑山脉，东北部的阿尼玛卿山脉，西部的喀喇昆仑山脉一起勾画出了青藏高原的轮廓。因喜马拉雅造山运动中强烈的板块碰撞——挤压作用，在喜马拉雅弧形造山带的西部和东部弧顶，形成了两个地质"纽结"，它们仿佛两个"尖楔"，在板块运动进程中向北直插向青藏高原的西缘和东缘[2]，其西缘的纽结在兴都库什山和喀喇昆仑山的交接处；东缘的纽结在喜马拉雅山脉和横断山系的交接处。迫于地质构造变形向北挤压的应力，青藏高原东部一系列东西延展的山体急剧转折，转头南下，形成七列纵贯北南的雄伟山脉，从西往东依次为伯舒拉岭—高黎贡山、他念他翁山—怒山、芒康山—云岭、沙鲁里山（雀儿山、玉龙雪山等）、大雪山、邛崃山、岷山。山脉间夹持着怒江、澜沧江、金沙江、雅砻江、大渡河等大河。[3]在这一高山大川并

---

1 陈福斌：《横断山脉一词的由来》，《山地研究》1984年第3期。
2 滕吉文、司芗、王谦身、张永谦、杨辉：《青藏高原地球科学研究中的核心问题与理念的厘定》，《地球物理学报》2015年第1期。
3 李炳元：《横断山区地貌区划》，《山地研究》1989年第1期。

列的地带，因地壳抬升的内应力，以及冰川、流水和重力作用的外应力影响，高山隆起和河川深切同时发生。横断山系北高南低，北宽南窄，北部最宽处约700千米，南北长度约900千米。[1]

横断山系的最高峰为大雪山南段的贡嘎山，卡瓦格博为该山系的第二高峰。卡瓦格博是怒山山脉的主峰，也是横断山系核心地带"三江并流区"的最高峰。

（三）三江并流

"云南三江并流保护区"，是在中国申报世界自然遗产文献中提出的概念，它概括了横断山系近南北向岭谷景观的地貌学特征，特指云南西北部怒江、澜沧江、金沙江三条大河被高山挟持，并行南流的区域。在学术界，因该区域地处横断山系山川排列最密集的地带，而称之为西南"纵向岭谷区"（Longitudinal Rang-Gorge Rigion，LRGR），该范围与"申遗"所指的"云南三江并流保护区"略有差异。

按"申遗"报告的界定，"三江并流"自然景观由怒江、澜沧江、金沙江及其流域内的山脉组成，涵盖范围达1.7万平方千米，覆盖云南省迪庆藏族自治州、丽江市、大理白族自治州北部、怒江傈僳族自治州。三江在这一地带平行并流170多千米，其间澜沧江与金沙江最短直线距离为66千米，澜沧江与怒江的最短直线距离不到19千米。[2]

第一个发现"三江并流"现象的是英国探险家金敦·沃德（Frank Kingdon Ward），他被誉为近代最著名的"植物猎人"之一。他曾用40年的时间，8次进入中国滇、藏及缅甸山地探险，在西藏东部和云南西北部发现和采集了大量山地植物，并考察了三江并流地带以及雅鲁藏布江下游大峡谷。其中最重要的一次旅行，始于1913年2月，出发点是与云南接壤的密支那（Myitkyina，缅甸北部克钦邦首府）；

---

[1] 李炳元：《横断山脉范围探讨》，《山地研究》1987年第6期。
[2] 《世界自然遗产：三江并流》，中国政府门户网站。

于 1914 年 3 月结束，由云南返回密支那。途中他徒步考察了金沙江、澜沧江和怒江三条大江以及独龙江，大部分行程都在云南西北部的横断山系以内。这次旅行，使他成为第一个描述三江并流现象的西方探险家，他在著作中写道：

> 在此，我注意到一个有趣的现象。迄今一直以长江—湄公河、湄公河—萨尔温江、萨尔温江—伊洛瓦底江分水岭为其名称的三列平行山脉，最高峰呈横线排列。[1]

从 20 世纪 30 年代到 50 年代，中国地理学家严德一对该地区做过 6 次实地考察，1956 年，他在《横断山脉地理知识》中，描述了横断山系中三江并流的地理现象：

> 现在我们所说的"横断山脉"，乃东起德格、中甸一线以西，恩达（昌都之西）、腾冲一线以东，北起经过昌都的康藏公路，南迄经过保山的滇缅公路；在这个范围内，最窄处不过 120 千米之间，四条大山夹着三大峡谷，真可谓山川骈列，南北纵贯，东西交通上的横断区域。[2]

三江并流区成为学术界和公众关注的焦点，是在 20 世纪 90 年代滇西北生态环境保护和旅游业兴起的大背景下发生的。1993—2003 年的 10 年间，为申报联合国的世界自然遗产，国家有关部门组织了多次三江并流区综合科考活动，获得了大量地质地貌、生态景观的基本数据。2003 年，在第二十七届世界遗产大会上，"云南三江并流保护区"（Three Parallel Rivers of Yunnan Protected Areas）成功列入世界

---

[1] 金敦·沃德：《神秘的滇藏河流——横断山脉江河流域的人文与植被》，四川民族出版社，2002 年，第 58 页。

[2] 转引自陈福斌：《横断山脉一词的由来》，《山地研究》1984 年 3 月。

自然遗产名录，该地位于东经98°—100°30′，北纬25°30′—29°，包含10个风景名胜区、9个自然保护区，被分为8大展示片区（白茫—梅里雪山片区、高黎贡山片区、老窝山片区、云岭片区、红山片区、哈巴雪山片区、千湖山片区、老君山片区），跨越丽江地区、迪庆藏族自治州、怒江傈僳族自治州三个地区。[1]

从专业的角度看，三江并流区是地球上挤压最紧密的巨型复合造山带，集中了除沙漠和海洋以外的所有地质构造景观，从海拔仅有760米的怒江河谷，到118座海拔5000米以上的雪山，包括了从亚热带到寒带的6个气候带。[2] 这一环境，为人—地生态系统的形成和演化提供了独特的地理条件。

然而，"申遗"成功后，这一地区保护与开发的问题反而更凸显了，"规划中的水电开发、因开矿而变动的遗产地边界以及旅游业的

△ 图 1-2　云南三江并流保护区（联合国教科文组织世界遗产保护名录）

1　《世界自然遗产：三江并流》，中国政府门户网站，联合国UNESCO网站。
2　云南省世界遗产管理委员会办公室：《三江并流》，云南美术出版社，2002年。

发展都成为三江并流世界自然遗产地保护所面临的威胁"[1]。其实，保护和开发的冲突在"申遗"之前就已存在，直到今天，各利益方围绕该地区自然和文化资源的博弈依然在继续，本书所考察的卡瓦格博区域，是三江流域核心区利益冲突的焦点所在。

总体而言，青藏高原、横断山系和三江并流构成一组镶套式的概念，借助于这些概念的运用，我们可以从不同尺度把握中国西部山地的地理状况。据李吉均等学者研究，青藏高原在360万年前的喜马拉雅运动开始从1000米左右的夷平面上升，到120万年至60万年前的昆仑—黄河运动后，隆升为海拔达3000米以上的高原。[2]这一漫长而巨大的地质构造运动，牵引带动了横断山系地貌的塑造，并在该山系岭谷挤压最密集的区域收缩为"三江并流"的紧束带。而"构造地貌、气候、水系的演化导致本区形成了独特的地—气—水—生等耦合自然系统，相应地在本区出现了早第三纪的亚热带干热植被、晚第三纪的湿润半湿润森林植被、第四纪以来的亚热带森林地带性和河谷—山地垂直自然带植被等景观。纵向岭谷的通道—阻隔、高梯度效应和局地环境的复杂性使本区成为中国乃至世界最为丰富的生物多样性地区，和亚洲大陆多种生物物种分化和起源的中心"[3]。

这三个地理概念，是我们理解卡瓦格博雪山的空间位置和地域特性的宏观框架：这座位于世界屋脊边缘怒山山脉的雪山，与位于喜马拉雅山脉的南迦巴瓦共同定位了青藏高原东缘地质纽结的形态，凸显了横断山系大转折的地形特征，并雄踞三江并流地区的制高点。它也是青藏高原地质和气候变化的标本，以及该地区生物多样性富集的核心地带。

---

1 单果、肖诗白：《被蚕食的三江并流世界遗产地》，《中国周刊》2016年第9期。
2 李吉均：《青藏高原隆升与晚新生代环境变化》，《兰州大学学报》（自然科学版）2013年第2期。
3 明庆忠：《纵向岭谷北部三江并流区河谷地貌发育及其环境效应研究》，兰州大学博士学位论文，2006年，第11页。

二、卡瓦格博雪山的自然景观

卡瓦格博的藏文原意是"白色的雪",有关它的记载,最早出现在1000多年以前的藏文典籍中。苯教经典《神烟》记载蕃域各地方保护神,管辖察瓦龙乡的是卡瓦格博。[1]据记载,8世纪,密教大师莲花生从尼泊尔入藏,以神通降伏了蕃域山神和其他土著神,将他们纳入佛教护法神的体系中,并作祭祀神灵的祈祷文《大广净神祭供》,但凡藏地上、中、下三界神祇,均受邀请接受供养,其中就有卡瓦格博。[2]

从8世纪至今,藏文献对这座雪山的记载持续不断,而汉文的记载到20世纪前期才出现。在20世纪30年代以来的汉文地图和记载中,卡瓦格博雪山被称为"白浪雪山""白雪神山""白山娘""雪山太子""太子雪山""白雪山""白色雪山",[3]这些名称,均为当地藏语称谓的意译。因卡瓦格博雪山几个主要的山峰,藏人以为有一个山峰是卡瓦格博的妃子,有一个是他的儿子,所以有"雪山娘"和"太子雪山"两个汉语名。[4]而现在广为人知的"梅里雪山"这一名称,是20世纪50年代错误标注,又因1990至1996年中日联合攀登此山以及旅游所造成的影响,才逐渐流行开的。[5]

进入20世纪后期,有关卡瓦格博雪山的科学探索才起步,因缺乏大比例尺地形图,云南省最高峰的桂冠一直戴在海拔5596米的玉龙雪山主峰扇子陡头上。直到1980年,经过初步的地质和林业调查,云南省林业勘察大队才公布了该雪山的基本资料,如海拔高度、经纬度、地形特征和地质状况,确立了卡瓦格博雪山作为云南省最高峰的

---

[1] 转引自内贝斯基著:《西藏的神灵与鬼怪》(上),谢继胜译,西藏人民出版社,1993年,第267页。

[2] 转引自索南本编著:《祭祀颂词集》(藏文),民族出版社,2003年,第150—168页。

[3] 李式金:《云南阿墩子——一个汉藏贸易要地》,《德钦文史资料》第一辑,2003年。

[4] 黄举安:《云南德钦设置局社会调查报告》,1948年,德钦县档案馆藏。

[5] 马建忠、扎西尼玛:《雪山之眼》,云南民族出版社,2010年,第6页;郭净:《雪山之书》,云南人民出版社,2012年,第217—223页。

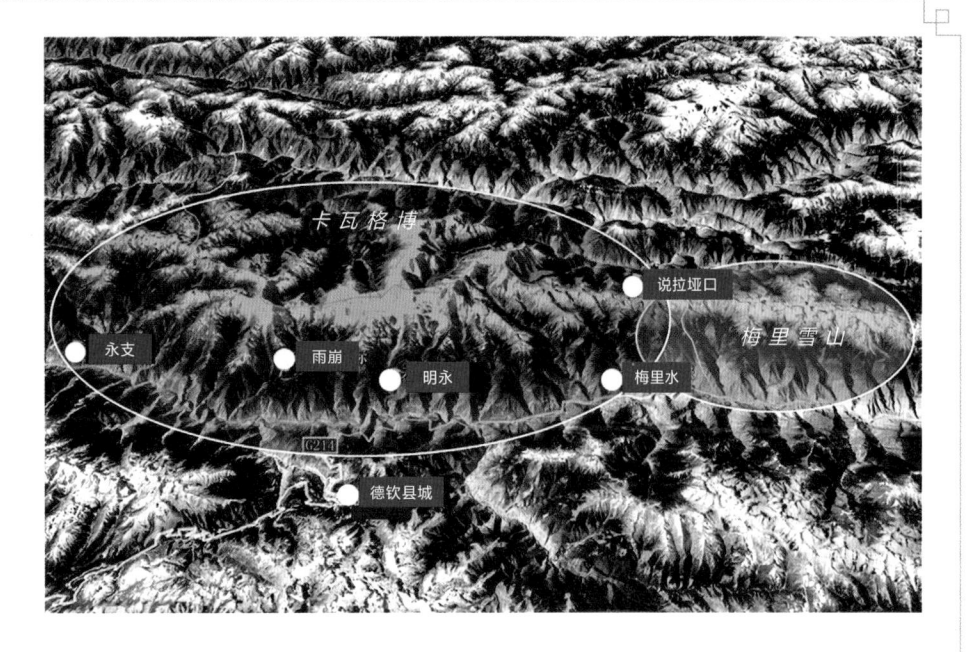

▷ 图 1-3
卡瓦格博雪山和梅里雪山的大致范围（郭净绘制）

地位。[1]1991年山难和随之而来的旅游开发，提高了这座雪山在公众中的关注度，也促进了相关的科学研究。

现在有关卡瓦格博雪山的探讨大多采用"梅里雪山"的概念，在界定该雪山研究范围的时候造成很多混乱，故有必要在此予以说明。

在当地人的认识中，卡瓦格博雪山不是一座孤立的雪山，而是200多座大小神山组成的雪山群，它与梅里雪山同属怒山山脉，山峰相连，但各为不同的雪山，当地人不会把他们混淆。"梅里"一词为德钦藏语的汉译，意思是"药山"[2]，原指今佛山乡境内从鲁瓦到溜筒江之间的一段山脉，是当地的一座小神山。该山脉与卡瓦格博雪山相连，其分界线就是说拉垭口一线。经此有一条古道，翻过说拉垭口进入西藏。从德钦去西藏有两条道路：一条从德钦（阿墩子）经盐井到昌都，这是云南商人入藏的大道；另一条是从盐井到溜筒江，过溜索（后改为吊桥）到澜沧江西岸，前行至梅里水（又叫"梅里石"）村，然后爬山翻越说拉垭口，进入西藏察瓦龙地域。

若以藏族传统的南北外转经路线作分界，卡瓦格博雪山的大致范围是：北起佛山乡的梅里水村和说拉垭口，此为外转经必经的北部要

---

1 吕培炎：《云南第一高峰——梅里雪山》，《云南林业规划》1980年第3期；陈永森：《云南第一峰——梅里雪山简介》，《云南师范学院学报》（哲学社会科学版）1980年第2期。

2 德钦县人民政府编：《德钦县地名志》，德钦县地名办，1986年，第49页。

道；南至云岭乡与燕门乡毗邻处的永支村和多克拉垭口，此为卡瓦格博的南部要道，其地理坐标为东经98°60′，北纬28°40′。[1] 如果以行政区划来区分，卡瓦格博雪山主要分布在云岭乡的境内，梅里雪山则分布在佛山乡的境内。主峰卡瓦格博位于整座雪山群的中央，是怒山山脉的最高点。

怒山山脉呈南北展布，是澜沧江和怒江的分水岭，以东的江河汇入太平洋，以西的江河汇入印度洋。在行政版图上，它还是云南省德钦县和西藏察隅县、左贡县的界山，在德钦县境内的长度为85.5千米，海拔4000米以上的山峰有20座，海拔5000米以上的极高山有27座，海拔6000米以上的冰峰有6座，[2] 其数据如表1-1所示：

表1-1　梅里雪山、卡瓦格博山群部分山峰分布情况

山群	山名	海拔（米）	范围（平方千米）	位置	主要植被
梅里雪山	说拉增归面布 无名峰 无名峰	5295 5190 5060	本山群县内面积约200	佛山乡境内	海拔4500米以上无植被；4000—4500米内为高山草甸；以下为针叶林及针阔叶混交林
卡瓦格博山群	无名峰 芒匡腊卡 奶日腊卡 卡瓦格博 无名峰 缅茨姆 无名峰 八堆顶	5135 6400 6379 6740 6006 6054 4906 5157	10 10 40 30 12	云岭乡境内	无植被

（资料来源：据《德钦县志》第44页表格修改）

卡瓦格博山群所处地域在地质上为纵向岭谷地貌，最险峻的地段是云岭乡境内长达100千米的大峡谷，澜沧江被挟持在卡瓦格博雪山

---

[1] 马建忠、扎西尼玛：《雪山之眼》，云南民族出版社，2010年，第6页。该经纬度数据是作者为TNC做该雪山生物多样性调查得到的。云南省林业勘察大队公布的数据与之略有差异，是东经98°41′，北纬28°26′，吕培炎：《云南第一高峰——梅里雪山》，《云南林业规划》1980年第3期。

[2] 德钦县志编纂委员会：《德钦县志》，云南民族出版社，1997年，第44页。

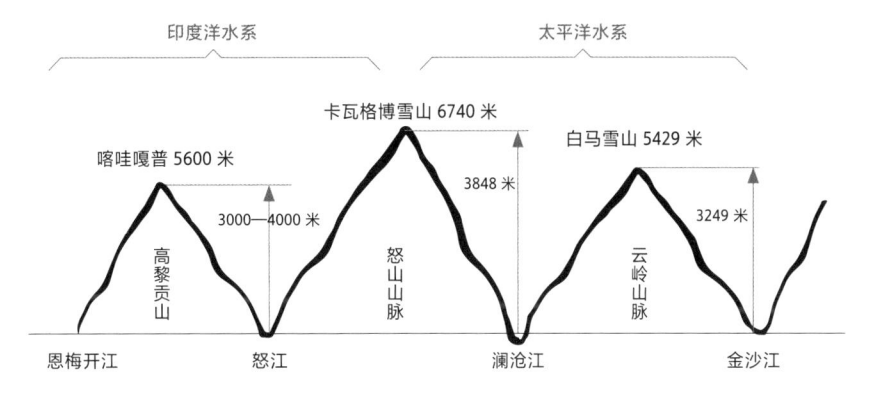

▲ 图1-4 滇西北三大山脉、三大江河的水系和峡谷切割深度
（郭净依据1997年《德钦县志》第46页统计数据制图）

与白马雪山（又称白茫雪山）之间，从海拔2000米左右的澜沧江河谷到6740米的卡瓦格博顶峰，垂直高差在4500米以上，为世界上最深的大峡谷之一。[1]这种独特的岭谷地貌与季风、降雨、温度等多重因素综合作用，造就了随海拔高度变化的垂直气候带和生态系统，从海拔2000米左右的干热河谷到6000米以上的冰雪区域，共有6个气候带：亚热带、暖温带、温带、寒温带、亚寒带、寒带，以及9个植物分布带：干热河谷灌丛、常绿阔叶林、针阔混交林、暖性针叶林、温性针叶林、高山灌丛、高山草甸、流石滩、冰雪带。[2]据研究，该地区植物物种的丰富度，在海拔3000—4000米的范围内达到最高。[3]

滇西北因其突出的生物多样性特征，早在19世纪就受到西方植物学界的关注，从19世纪中叶到20世纪中叶的100年间，来自欧洲和北美的传教士、外交官和植物猎人在这里大量采集珍稀标本。据爱丁堡皇家植物园园长司密斯教授1930年统计，该国公私庭院栽培的花木种类约40%来自中国，其中尤以出自云南西部者为多。[4]而另一

---

1 明庆忠：《纵向岭谷北部三江并流区河谷地貌发育及其环境效应研究》，兰州大学博士学位论文，2006年。

2 欧晓昆等：《梅里雪山植被研究》，科学出版社，2006年。

3 冯欣：《梅里雪山沿海拔梯度植物物种丰富度研究及Rapoport法则的检验》，云南大学硕士学位论文，2013年。

4 潘发生：《帝国主义在云南藏区的侵略活动》，《西藏研究》1997年第4期。

家著名的英国植物园"邱园"（Kew Gardens）收藏的中国植物标本来自29个地区，其中来自云南的标本占41.93%，四川的占17.55%，湖北的占12.54%，西藏的占11.44%，标本采集的时间跨度为1803至2011年，[1]而云南的植物标本又大多数采自滇西北地区。

20世纪90年代以来，喜马拉雅东部和横断山地的生物多样性再次引起国际社会的注意，包括世界保护联盟（International Union for Conservation of Nature，IUCN）、世界野生动物基金会（World Widelife Fund，WWF）、保护国际（Conservation International，CI）、美国大自然保护协会（TNC）等机构均把该地区列为全球生物多样性保护的热点。长期在德钦工作的TNC环保专家木保山特别指出，卡瓦格博"地处偏僻，多数生态系统完好无损，生态系统的质量和突出的多样性集中在一个小小的地区内，对生物多样性的保护而言是个良好的机会"；这座雪山"也代表了重要的生物环，它连接着两个国家级自然保护区，即澜沧江—怒江以东的白茫雪山自然保护区和怒江西岸的高黎贡山自然保护区"[2]。

在国际合作的背景下，云南省政府于2006年开始探索国家公园的保护模式，截至2013年底，云南省建立了8个国家公园[3]，其中的"梅里雪山国家公园"建立于2009年。根据《云南省人民政府关于同意香格里拉梅里雪山国家公园总体规划的批复》，梅里雪山国家公园的基本情况为：

> 东起国道214线和德维公路，西至梅里雪山西藏自治区与云南省山脊线省界，南以德钦县燕门乡与云岭乡界为界，北至说拉垭口以北的第一道山脊线。梅里雪山国家公园规划

---

[1] 芦笛：《英国邱园和外国人在中国的植物采集活动》，《中国野生植物资源》2014年第33卷第1期。

[2] 木保山：《梅里雪山生物多样性的重要性》，《德钦年鉴》（2001），云南美术出版社，2001年，第42页。

[3] 杨芳：《云南国家公园的探索与实践》，《云南林业》2014年第2期。

面积961.281平方千米，占德钦县总面积的12.5%左右，包括德钦县升平镇、云岭乡、佛山乡的16个自然村。2010年，公园内有居民2600户13000多人。[1]

自20世纪90年代后期以来，中国西部山地的环境保护实践，从一开始就突破了完全由政府主导，仅关注生物多样性的局限，将当地社区的参与和传统知识的运用纳入实践和理论探索的框架中，引导我们把本土的"神山"与外来的"自然环境"这两个不同的概念结合到"自然圣境"的理论构架中予以考察。在这一时期，由洛桑·灵智多杰率领的团队启动了青藏高原生态环境保护框架下的青藏高原山水文化调查，北京的山水自然保护中心，云南的白玛山地文化研究中心、乡村之眼、生物多样性和传统知识研究会，德钦县的卡瓦格博文化社，青海雪境，香港社区伙伴等环保机构也在该区域持续推动本土化的环保行动和保护生物学研究。[2] 其中，卡瓦格博始终是一个备受关注的对象。在后面的讨论中，我们将从藏文化及其周边多民族文化的两种语境切入，来解析卡瓦格博雪山群在历史和当代时空中的面貌。

---

[1] 马建忠等：《梅里雪山国家公园生物多样性保护规划方法研究》，《林业调查规划》2010年第3期。
[2] 洛桑·灵智多杰主编《青藏高原山水文化》、吕植主编《三江源生物多样性保护系列》、王昊主编《三江源生物多样性的田野研究》等丛书。

第二章
卡瓦格博雪山的文化地理定位

现代科学关于青藏高原、横断山系、三江并流的认知，为我们认识卡瓦格博雪山提供了一个现代地理科学的背景板。以此为参照，卡瓦格博雪山很容易被淹没在藏东上百座海拔6000米以上的雪山中。作为一座最高海拔仅有6740米，由岩石和冰雪组成的山峰群，它因人类的依附而获得名声，因神灵的栖息拥有了灵性。为此，我们还需要一种文化地理的视角，去给它的神圣性定位。

青藏高原自然圣境的主体是神山，山神信仰犹如因年代久远而层层叠加和相互渗透的地层，包含着异常丰富的元素。宗喀·漾正冈布教授曾用"欧亚腹地"（Central Eurasia 和 Inner Asia）的概念来追溯藏文化与周边各大文明之间的关系，所谓 Central Eurasia 指的是"内陆欧亚"，Inner Asia 指的是"内陆亚洲"，简称"内亚"。祁美琴和陈骏指出，目前学界较为公认的意见是：Central Eurasia 又译为"中央欧亚"，它和"内陆欧亚"及"内陆亚洲"三者"在涵盖的最大地理范围意义上比较相近，均被理解为以欧亚草原为中心，包含不同种族、语言、文字、生产和生活方式的地域，故三词亦存在着混用的情况"。[1] 20世纪前期，美国学者拉铁摩尔（Owen Lattimore，1900

---

[1] 祁美琴、陈骏：《中国学者研究中的内亚概念及其问题反思》，《中国人民大学学报》2019年第3期。

—1989）以其著作《中国的亚洲内陆边疆》（Inner Asian Frontiers of China），突破将满洲、蒙古、新疆和西藏等地带仅作为汉文化圈边疆的思维，把它们纳入更为宏观的"内亚"学术框架予以考察。这一传统绵延至今，改变了中国边疆史的研究格局。[1]英加布受宗喀·漾正冈布等学者启发，把藏族山神信仰放到欧亚腹地各族群山神崇拜的宏观架构中加以审视，大大扩展了该区域神山研究的领域。[2]这一方面凸显了藏文明对周边区域的强大影响力；另一方面，也引导我们去探讨藏文明内部及相邻文化之间纷繁多元的景观。诚如石泰安所言，藏文明是由方言和习俗参差纷繁的不同人群构成的，[3]在其边缘地带，这个特征更为突出。从这一角度来看，卡瓦格博雪山所处的地位尤显特别。

一、三个"域"的历史空间界定

公元12世纪末13世纪初，噶玛噶举派活佛噶玛·让炯多吉（1284—1339）朝拜卡瓦格博，写下《圣地卡瓦格博焚烟祭文·祈降悉地雨》（又译为《圣地卡瓦格博桑文如意雨露》），开创了为"蕃域"某一座神山撰写祈颂文的先例。[4]祭文开篇吟诵道：

> 诺，四洲瞻洲最殊胜，有景二十四圣地，洛门察瓦绒、姜域、蕃域交接处……[5]

---

1 刘文鹏：《内陆亚洲视野下的新清史研究》，《历史研究》2016年第4期；袁剑：《内陆亚洲视野下的大边疆》，《西北民族大学学报》2013年第3期。

2 英加布：《域拉奚达与隆雪措哇》，兰州大学博士学位论文，2013年，第162—163页；宗喀·漾正冈布：《全球文化视野中的欧亚腹地与吐蕃特文化》，《中国民族学》第二辑，甘肃民族出版社，2009年；王小甫：《拜火教与突厥兴衰》，《历史研究》2007年第1期。

3 石泰安著：《西藏的文明》，耿昇译，中国藏学出版社，2005年，第11页。

4 旦之肖、杨新宇：《藏族净桑仪式及祈颂文流变探析》，《中国藏学》2019年第3期。

5 仁钦多吉、祁继先：《雪山圣地卡瓦格博》，云南民族出版社，1999年，第1页。藏文第四句书中译作"位于滇藏交接处"，直译为"姜域、蕃地交接处"。

这段祈颂词中，用了三个"域"的地理概念，来界定卡瓦格博雪山的空间位置，它们是"蕃域""洛门察瓦绒""姜域"。

（一）蕃域

卡瓦格博雪山的神圣性，是在藏文明的空间认知里生长起来的。栖息在青藏高原的人们对山地景观的构建，有一个由浅入深，从局部到整体的认识过程。藏文古籍《贤者喜宴》关于雪域高原上古地理景观的描述，最早用的是"岭"这个词，汉译为"洲"[1]。洲的起源来自一个传说：雪域远古时为无边的热海，观音菩萨为拯救众生，使海水退去，陆地露出，犹如岛屿，故而得名为"洲"，又分为上部阿里鹿、野驴兽洲，中部四如虎豹猛兽洲，下部六岗飞禽鸣鸟洲。这个传说固然带有佛教的影子，但上、中、下三部的划分，却是藏民族远古就有的观念。

雪域众生繁衍到一定阶段，自然形成的"洲"逐渐被分割，划分成了非人占据的领地"域"。开初的域是由鬼魅统治的桑域坚美，出现弓箭等武器；接着是牛头魔王统治的堆域卡热茸古，出现斧钺；此后是强项血目罗刹统治的森布拉布古域，出现矛和叉；再后来是红柔神统治的拉域贡塘，出现钢刀。[2]

从"洲"到"域"的变化，概括了雪域从野生之地到鬼神之地的演进过程，可视为古代青藏高原生物与环境协同进化的神话解读。而由于当时地方性的政治权威尚处在各自独立的状态，"域"均为"小邦"所统辖，分别称为"钦域""象雄之域""努域""埃堡岔松之域""叶母四域""娘域""达域""苏域""工域"等。这些既是各区域政权的名称，也是其所在地方的部落名称和地名，所以它们的藏文名称中都带着表示"地域"的后缀或前缀。[3]

---

[1] 黄颢注译本译为"区"，通常译为"洲"。
[2] 巴卧·祖拉陈瓦著：《贤者喜宴》，黄颢、周润年译注，中央民族大学出版社，2010年，第2—3页。
[3] 叶拉太：《古代藏族地域概念的形成与演变》，《中国藏学》2013年第2期。

7世纪，兴起于雅鲁藏布江以南谷地的吐蕃王朝势压群雄，其统治地域从王室的祖源地雅砻河谷，扩展到松赞干布建都的逻些谷地；而王室住锡地也有了一个专门的地理名词"赞域"[1]。吐蕃王朝的中心地区亦被称为"卫藏"，包括以拉萨河谷和雅砻河谷为主要范围的"卫"，和以今日喀则地区为主体的"藏"。就在这一时期，出现了一个更广阔也更具整体性的地理概念，它就是涵盖吐蕃王朝全部统治地区的"蕃域"，这个名称由"蕃"和"域"两个词构成，将族群的概念和政治地理的概念合二为一。"域"这个词的使用，从一开始就与空间范围相关联，所以它不是对自然地理的界定，而是关于文化地理的表述，诚如藏学人类学者陈波所说：在藏族关于空间和地理的原生概念中，"域"的景观是最重要的，它可以指代特定的地理空间，也能体现精神和政治的意义，如与王权和神权密切相关的上、中、下三域。[2]"蕃"的称谓，这是伴随着雪域族群意识趋于成熟而产生的共同体认知。[3]在吐蕃之后的时期，藏人对三大区域的理解日渐清晰，他们把"蕃域"分为上、中、下三部：上部阿里三围，指吐蕃后裔在阿里地区所建拉达克、古格、亚泽三个王朝统治的地域；中部卫藏四如，即以前吐蕃王朝统辖的前藏和后藏地区；下部多康六岗，"多"指安多，即阿尼玛卿山和多拉日归山（祁连山）两大神山之间的地域，"康"指康巴，意为"边地"。

这一强调三大区域整合的地理分类，与吐蕃时期以"赞域"为中心的区域划分已然不同，王权的意义大大淡化，地域单元的个性和相互关系得到凸显。其中最为复杂的是"多康六岗"中的"四水六岗"，它是对今横断山地四条江河、六座山脉的统称。

"四水"或说是怒江、澜沧江、金沙江、雅砻江，或说是澜沧

---

1 王尧、陈践译注：《敦煌吐蕃历史文书》《大事纪年》732、733 年 "唐廷使者李京、大食与突骑施之使者均前来赞普王廷致礼"；"唐廷使者李尚书、蛮罗阁等人前来赞普王廷致礼"，民族出版社，1992 年，第 26—27、153 页。
2 陈波：《以藏文明为中心看中国》，《文化纵横》2016 年第 5 期。
3 巴卧·祖拉陈瓦著：《贤者喜宴》，黄颢、周润年译注，中央民族大学出版社，2010 年，第17 页。

江、金沙江、大渡河、黄河。[1]

"六岗"的范围与今天的横断山系大致相当，具体为察瓦岗，指怒江和澜沧江之间的地域；芒康岗，指澜沧江和金沙江之间的地域；朋波岗，指金沙江和雅砻江之间的地域；木雅热岗，指雅砻江中游东部地区；马扎岗，指今青海省黄河以南至雅砻江以东的地域；色莫岗，指雅砻江和金沙江中上游地区。[2]

"四水六岗"以这四条江河及分水岭为主干，也包括这些山地周边的地域。冯智认为，今云南德钦县和维西县位于金沙江和澜沧江之间的地带属于马康岗（芒康岗），位于澜沧江以西（即澜沧江和怒江之间）的地带属于察瓦岗。[3]前者就是云岭山脉，后者是怒山山脉。

到了元代，中央朝廷经过半个多世纪的调整，将青藏高原地区设立的行政管理机构固定为"乌斯藏""朵思麻""朵甘思"三个宣慰司都元帅府，与卫藏（已囊括原来的上部阿里）、安多和康区的传统认知相吻合，这一溯源于吐蕃的三大蕃域的地域划分观念，至此基本成型，奠定了后世藏人三大地域认识的基础。[4]上述地域观的建立，虽得益于往昔吐蕃王朝的统一事业，以及之后元朝带来的行政管理体制，但它根本上是奠基于藏人关于青藏高原山川风物的知识传统，具有超脱王权政治束缚，并影响行政区划演变的性质。我们在田野调查中注意到，即使小到一个藏族村庄，村民对土地的命名，也是以水流和山势为依据，来区别上、下的，这与蕃域上、中、下三部的地理划分，属于同一个分类体系。另外，藏人的地域认知还带有浓郁的人文色

---

[1] 后一种说法参见益西邓珠、土登彭措：《藏族传统历史文献中康藏区域概说解读》，《西南民族大学学报》（人文社科版）2016年第8期。

[2] 扎西桑俄堪布：《四水六岗地图》，见年保玉则生态保护协会：《年保玉则志》，中国藏学出版社，2018年，第6页。其地望参见娘毛加：《试析藏族传统区域的划分法及其含义》，《四川民族学院学报》2014年第2期；叶拉太：《古代藏族地域概念的形成与演变》，《中国藏学》2013年第2期。

[3] 冯智：《滇藏政教关系研究》，《云南藏学研究》，云南民族出版社，2007年，第100页。

[4] 关于元代三大行政区划分与藏地三大地域观念形成的考证，参见石硕：《藏族三大传统地理区域形成过程探讨》，《中国藏学》2014年第3期；益西邓珠、土登彭措：《藏族传统历史文献中康藏区域概说解读》，《西南民族大学学报》（人文社科版）2016年第8期。

彩，所谓卫藏法域、安多马域、康区人域的文化解读，就是一例。这种深藏在行政规范表层下的地域观，更贴合藏族关于青藏高原人地景观的传统认识。

即便人世间风云变幻，生活在青藏高原的人们依然能够在混乱的现实世界之上，建立起对山地世界的整体认知；并跨越自然环境、方言、农业和牧业的生产方式以及政治变动等障碍，创造一种带有共性的文化。10世纪以后，这个将青藏高原文化景观凝结为一个整体的地理空间知识，主要不再依赖政治权威提供原动力；使它得以世代传承的力量，是在宗教信仰支撑下对自然圣境的归属感。

（二）洛门察瓦绒

这个地理概念由两个地理名词组成：一个是洛门，另一个是察瓦绒。所谓"洛门"，即"南方门域"的意思，这里的"域"在汉译时也写作"隅"。"门"是吐蕃时代就出现的地理概念，专指西藏南部喜马拉雅山地的峡谷森林地带。公元823年，唐蕃会盟碑东侧碑文记载："南若门隅、天竺，西若大食，北若回鹘、拔悉蜜诸部，虽均可与之争胜于疆场，然圣神赞普权位坚实、法度持正，诸部莫不敬奉俯首……"[1] 这是藏文献中最早提及"洛门"，亦证明此地已处在吐蕃王朝的统治范围。以后藏文典籍谈论吐蕃对四方势力的征服，都把门隅置于南方，如《红史》所言："南方之洛门，西方之象雄，北方之霍尔，东方之草人、树人均收归治下。"[2] 但门隅有狭义和广义之分，狭义的门隅，在古代包括今天西藏错那县的南部，并延伸到不丹、锡金、尼泊尔以及今印度的部分地区；[3] 广义的门隅，则泛指东喜马拉雅山地到怒山之间的河谷森林地带，覆盖今天的错那、墨脱、察隅等县境。噶玛·让炯多吉的祈颂词，用的就是广义的门隅概念。

噶玛·让炯多吉祈颂词中的另一个概念"察瓦绒"，现在多写作

---

1 转引自王尧：《唐蕃会盟碑疏释》，《历史研究》1980年第4期。

2 才巴·贡嘎多杰：《红史》（藏文版），民族出版社，1981年，第36页。

3 李旺旺：《浅谈门隅与西藏的历史关系》，《西藏民族学院学报》2014年第4期。

"察瓦龙","绒"和"龙"在藏语中写法一致,意为"河谷之地"。今天的察瓦龙是察隅县的一个乡,地处卡瓦格博西面的怒江河谷,为外转经的必经之路。据研究,噶厦政府在17世纪开始在察瓦龙册封官职,首位被封的是门空(又写作米空、门工)的富豪长安国,他因接待前往大理鸡足山朝圣的五世达赖而得此官职。[1] 清雍正年间,朝廷为扶植格鲁派势力,将该地区划归噶厦政府,相继成为昌都和噶厦管辖的"桑昂曲宗"[2],下设"协傲"(又译为"新俄")数名,一名协傲驻门空,管理察瓦龙。协傲之下设两个行政单位"德卡",执事官为"德本",负责传达上级命令,催缴赋税。德本之下有三四个基层官吏"居本"[3]。察瓦龙的这套管理体制到20世纪50年代被现代行政系统所取代。

历史上的"察瓦龙"(察瓦绒),并不等同于行政意义上的察瓦龙乡,其含义更为宽泛,它是蕃域中心地带的藏人对青藏高原东南部河谷地带的称呼。蕃域自古便有四大绒地(即河谷地区)[4],察瓦绒为其中之一。"察瓦龙"(察瓦绒)所指的范围,包括今天怒江及其支流玉曲河流域的左贡、八宿、芒康、德钦、察隅的部分地方。贡布多加认为,当地人传统的理解是,察瓦地域以左贡为界,以北为"察瓦岗域",属高原寒带、高原温带气候带,为高地牧区(岗巴);以南为"察瓦绒域",属横断山脉高山峡谷温暖气候带,为峡谷农区(绒巴)。[5] 其实,在西藏、青海、川西、滇西北等藏族聚居的地方,多能见到上部岗巴、下部绒巴的现象,我们在嘉绒藏地和青海果洛,都听到当地人谈"岗"与"绒"的差异。这种传统的地理认知,包含着对于环境和生活方式的在地观察,为我们考察神山和地理景观的相关

---

1 杨毓骧:《伯舒拉岭雪线下的民族》,云南大学出版社,2000年,第56—59页。

2 《大清会典事例》《西藏官制》,光绪二十五年石印本,卷九百七十七。

3 阿旺贡觉等:《察瓦龙民俗文化综览》,《西藏研究》2012年第5期;杨毓骧:《伯舒拉岭雪线下的民族》,云南大学出版社,2000年,第56—59页。

4 藏文典籍中有不同说法,参见韩腾:《从藏文史籍记载探讨现代嘉绒一词的缘起》,《青海民族研究》2015年第3期;阿旺贡觉等:《察瓦龙民俗文化综览》,《西藏研究》2012年第5期。

5 贡布多加:《康区察瓦龙历史沿革及其地名称谓考究》,《西藏研究》2020年第1期。

性，提供了一种地方性的解读方式。

噶玛·让炯多吉的祈颂词用"洛门察瓦绒"一词，或许还有区别于川西嘉绒藏区的另一个"察瓦绒"——"夏嘉莫察瓦绒"的意思。后者在藏人中更有名望，经常与前者弄混淆。[1]可以说，噶玛·让炯多吉的祭文，非常准确地定义了卡瓦格博山神所管辖的地盘。

要特别说明的是，卡瓦格博雪山覆盖的"察瓦绒"，并不受限于今天的行政区划，包括了怒江和澜沧江中游之间的地区，甚至延伸到金沙江上游的某些区域。把这座雪山说成是西藏察瓦龙藏族的神山，或云南藏族的神山，都有以偏概全之嫌。关于这座神山信仰圈的具体范围，后文会有详细的阐释。

（三）姜域

噶玛·让炯多吉祈颂词提及的另一个地理概念叫作"姜域"，这个词最早出自吐蕃时代的古藏文文献。[2]据赵心愚、阿错等学者的研究，"姜"在吐蕃古藏文文书中主要指占据今大理一带的南诏国，"姜域"和"姜洒塘"指这个古王国统治的地区，南诏王被称作"姜王"或"蛮王"。[3]元代，姜域指元朝皇帝所封云南王（蒙古族人）治理下的云南省，《萨迦世系史》把云南王忽哥赤叫作"姜域王"；明代，纳西族木氏土司北上西进，经200年的征战经营，掌控了今滇西北的建塘，今四川甘孜州的理塘、巴塘、乡城、稻城、木里，今西藏的盐井、芒康等地。这时期"姜域"一词的内涵较前代更加明确，专指丽江么些聚居区，而木氏土司则被称作"姜洒塘王"。至于木土司在藏区的辖地，则用了一个专门的名词"姜辖地"。

17世纪前半期，十世噶玛巴从拉萨逃亡滇西北避难，长居丽江，他对姜域的描述愈加细致，使用了姜语、姜地新年、姜人等概念。明

---

[1] 贡布多加：《康区察瓦龙历史沿革及其地名称谓考究》，《西藏研究》2020年第1期。

[2] 王尧、陈践译注：《敦煌本吐蕃历史文书》，民族出版社，1992年，第92页。

[3] 赵心愚：《敦煌古藏文写卷中的jang》，《中国藏学》2006年第3期；阿错：《古藏文文献中的姜及姜域解读》，《西藏民族大学学报》（哲学社会科学版）2019年第4期。

清之交，噶玛噶举派和格鲁派的冲突日趋激烈，因噶玛噶举派跟木土司联盟对抗格鲁派，在藏文献中出现了"噶姜"的说法，专指两者结盟的势力。到18世纪，中甸（今香格里拉）归格鲁派管辖，"姜域"大大收缩，该名词逐渐成为纳西族地区的专称，亦特指丽江噶举十三林分布的区域。[1] 由此可见，藏人对"姜域"的认知并不是固化和静态的，它所指代的范围随着王权政治的兴衰而变动不居：在唐宋时期，"姜域"一词主要指称南诏、大理国统治的范围；到明代，以云南丽江为中心的纳西族日渐崛起，木土司向四川西部和西藏东南部扩展势力，经年征战，将维西、木里、建塘（今香格里拉）、理塘、巴塘三塘以及乡城、稻城、芒康等地纳入其统治之下，并与噶玛噶举派结成"噶姜"联盟，在此范围内实施教化，这段时期的"姜域"，便包括了这一片广大的区域；明末清初，西藏格鲁派逐渐掌控大权，并将云南涉藏地区收归治下，丽江木氏失去权势，噶玛噶举派在滇西北的寺院纷纷改宗黄教，仅有丽江噶举十三林香火犹存。此时的"姜域"，亦收缩至纳西族聚居的丽江一带。

上述噶玛·让炯多吉祈颂文的三个地理概念，表达了以藏文化的立场为出发点，对卡瓦格博雪山的认知，从这一视角来看，卡瓦格博雪山在文化地理的定位可以概括为：它是蕃域东南部，镇守怒江、澜沧江和金沙江之间广阔山地的神山。

二、姜域的山神信仰

对藏人来说，卡瓦格博雪山是蕃域南部镇守三江流域的神山。但如果从比较文化的视野观察，卡瓦格博雪山却正好位于"蕃域"和"姜域"的结合部，它的文化属性，既被蕃域界定，也被姜域熏染。

姜域相对于甲域（汉地）和蕃域而独立存在的意义，是在藏、汉文明之间，以及彝族、白族、傈僳族等众多民族交错杂处的横断山中

---

[1] 阿错：《古藏文文献中的姜及姜域解读》，《西藏民族大学学报》（哲学社会科学版）2019年第4期。

部地区，保留了一个"佐米亚"（zomia）[1]类型的地带。这片山地与藏文化占主导地位的芒康岗和察瓦岗毗邻。藏族的先民在今滇西北定居甚早，史书称其为"古宗"，今天的纳西族和白族依然用这个名词来称呼藏族。7世纪末到8世纪初，吐蕃将卡瓦格博雪山所在的迪庆高原收归治下，并以此为据点南下征服么些部族，[2] 进击西洱河（今大理地区）。吐蕃和南诏两大政权经过结盟和反叛交替的百年争斗，相继走向灭亡，由此带来的后果，是吐蕃意欲征服的"姜域"保持住了政治和文化的自主性。其南边接近汉地的大理，从南诏和吐蕃瓦解后便已脱离姜域而自成一体，靠融合白族、彝族和汉族文化而臻于繁荣，自明代直接纳入内地皇权的版图，藏文化的余脉仅留下鸡足山的朝圣习俗。[3] 而姜域的三个族群（纳西族及其摩梭支系和普米族）与藏、彝、白三大族系世代毗邻或交错杂居，其文化与之相互作用；他们虽曾相继被全部或局部归顺到吐蕃、南诏——大理国和汉地流官的王权统治下，明清以来又受到藏传佛教和汉文化的全面影响，却始终保持了自身的特色。这种特色在宗教方面的表现，凝结成了纳西族的东巴教、摩梭人的达巴教和普米族的韩归教。

从源流来看，东巴教、达巴教和韩归教都与藏族的苯教和佛教有千丝万缕的联系，但它们与苯教和佛教依然有本质的不同。鉴于这三种宗教都融合了苯教、藏传佛教、汉传佛教、道教以及彝族宗教的诸多元素，尤以藏族苯教和佛教的影响为最，其本土的、外来的形态叠加融汇，已然变成了"宗教文化复合体"[4]：其祭师均为一介草民，他

---

[1] "佐米亚"（zomia）的概念最早由荷兰学者威廉·冯·申德尔提出，而美国人类学家詹姆斯·斯科特（James Scott）将其扩展，用来描述南亚、东南亚和中国西南非国家化的山地文明。参见詹姆斯·斯科特：《逃避统治的艺术》，王晓毅译，生活·读书·新知三联书店，2016年；何翠萍、魏杰兹、黄淑莉：《论James Scott高地东南亚新命名：Zomia的意义与未来》，《历史人类学学刊》2001年第1期。

[2] 在今丽江县格子村发现古藏文石碑，为吐蕃降伏当地首领的佐证，有关考据详见冯智：《云南藏学研究》，第61—71页。

[3] 关于藏族朝圣鸡足山的研究，参见李学龙：《藏族鸡足山朝圣初探》，《宗教学研究》2014年第1期；钱光胜：《藏地朝圣五台山、鸡足山比较研究》，《西藏大学学报》（社会科学版）2017年第2期。

[4] 王建新：《宗教文化融合研究三题》，《中国宗教》2010年第3期。

们既无供养，亦无庙堂，无缘充当君王的"国师"；其经典或凭借口传（如摩梭的达巴教），或为自创的象形文字（如东巴教），或借用藏文记音（如韩归教），而且多专注于形而下的日常实践而非形而上的思辨。它们的自主性恰恰来源于其草根性。这些本土宗教凭借扎根底层的坚韧，能够将外来的影响化之于土著的信仰本体中，以"复合体"的形态传承久远。

"内亚"和"佐米亚"这些理论观点带给我们的启示，就是要把原先聚焦在主体文明和强大威权的眼光，转移到广布在内陆亚洲，一直被视作边缘、弱小和散漫的文化现象上。东巴教、达巴教和韩归教的珍贵，不在于它们在多大程度上被正统宗教影响，而在于它们的独立存在。我们应当看到，那些被正统宗教覆盖和"降伏"的原生性信仰，并未从大地上消失，正是这些在大山狭缝中顽强求生的宗教文化，凝固成了环喜马拉雅圣境文化的基石。姜域就像这块基石的一个剖面，我们在讨论"内亚"和东喜马拉雅——横断山地山神信仰的时候，也应该把剖析的着力点投注其上。

在姜域中，与藏族关系最为密切的是纳西族。这一族群历史上称为"么些"，自称为"纳"，其中又分为不同支系。这里首先关注的是其中的两个群体：一个是以丽江为中心的纳西，另一个是聚居在川滇交界地区的摩梭。

学术界的主导观点认为，纳西的先民么些于唐代从滇西以北迁入金沙江中游一带，逐渐成为丽江坝子的主体民族，并部分扩散到滇中地区。明代，丽江木氏土司受朝廷庇护，与噶玛噶举派结盟，将势力扩展至康区，今中甸、德钦长期为其统治。直到17世纪中叶，格鲁派得蒙古和硕特部援助，入主滇西北，么些的政治和宗教影响才收缩回丽江及周边区域，该族群的分布也逐渐固定下来。

聚居于金沙江中游的纳西族与周边的汉族、藏族、彝族和白族长期交往，对外来文化善于兼收并蓄，其宗教信仰因而呈现出多样化的形态。藏传佛教于元代开始传入么些地区，明代至清代前期，噶玛噶举派在木氏土司支持下盛行于其统治区域，以分布在今丽江市、玉龙县、维西县、贡山县、兰坪县的噶举十三大寺最为显赫。之后格鲁派控制今迪庆涉藏区域，大批白教寺院改宗黄教，唯丽江一带的噶玛噶举势力得以保存。据我们实地调查，现在丽江的大多数噶玛噶举寺院已被四川来的藏族僧侣掌管，对纳西民众和知识分子的影响反而有减弱之势。[1] 汉传佛教在唐宋时期便已传到滇西，亦在明代得木氏土司青睐而兴盛于丽江，但影响限于社会上层的贵族和文人。清代末年至民国年间，其势力逐渐深入民间，但对普通民众的影响远不如藏传佛教。道教正式传入丽江是在明代，经清代和民国而日益本土化，出现遍布城乡的洞经会，对普通民众和文人的影响有时超过了藏传和汉传佛教。

直到10多年前，与丽江农村日常生活和仪式庆典关系最为密切的，依然是东巴教。从吐蕃时代到清代，东巴教一直受到藏地苯教和佛教的影响，这一点，已为吐蕃文献的记载、东巴经中包含的部分藏文经典，以及东巴祭祀中许多具有藏式风格的仪轨所证明。[2] 在神山信仰方面，学者们也找到相关的例证，如丽江最重要的两座神山，文笔山和玉龙雪山，都带有鲜明的藏文化印记；[3] 甚至丽江纳西族对"祭山"的称呼，也可考订是藏语的变音。[4]

因学者的关注点多集中于丽江的几座名山，缺乏村一级的实地考察，纳西族山神信仰的整体面貌尚不明晰。然而可以明确的是，在滇西北多元文化的环境中，各民族对他者文化的借鉴和吸收，是非常普遍的现象，山神信仰亦不例外；但同时也要看到，纳西族的山神信仰在融合外来元素的基础上，形成了自己独特的体系。今迪庆州香格里拉市有个三坝纳西族乡，包括东坝、白地、哈巴、安南的四个村，属

---

[1] 郭净、和建华：《噶玛噶举派云南传播史略》，杨福泉主编：《中国西南文化研究》，云南人民出版社，2014年。

[2] 赵心愚：《纳西族与藏族关系史》，四川人民出版社，2004年；木仕华：《藏族苯教神祇与纳西东巴教神祇关系论析》，《西藏民族大学学报》（哲学社会科学版）2016年第4期。

[3] 杨福泉：《纳西族与藏族历史关系研究》，民族出版社，2005年，第290—299页；英加布：《域拉奚达与隆雪措哇》，兰州大学博士学位论文，2013年，第174—177页。

[4] 英加布：《域拉奚达与隆雪措哇》，兰州大学博士学位论文，2013年，第176—177页。

于纳罕支系。有着东巴家传背景的学者习建勋，出身于该乡东坝村，他对笔者简述了当地纳西族山神信仰的概况，现整理如下：

我们东坝的神山叫"格楚楚"，东巴经书都写起，尤其是四川那边，有祭神山的经书。藏语里边有个词叫"日达"，纳西话也是那种说，我们村就叫"日当"（神地），格楚楚也是个日达。村里我有个叔叔，会藏族的烧香，他要数地名，从我们村的山神数到金沙江北部一直到三江口俄亚、依吉那些地方，再上去到西藏盐井那一线。烧香念的经文是东巴文，东巴要看着东巴文念经。

有一个说法，纳西族每个地方都有神山，丽江坝子是玉龙雪山，哈巴村一带是哈巴雪山，白地那里是白水台，我们东坝是格楚楚，俄亚是俄亚艾纳为。每个地方有烧香经，经文全部都是东巴文。每个地方都会有个日达，名称不一样，格楚楚的日达叫"格楚古本古"，是"九兄弟"的意思（汉译九仙峰），它是一排山，由九个山峰组成，所以叫这个名字。这是我们东坝最大的神山，原来是10个村子供奉，后来分了村，信奉的就有14个村子了。

我们纳罕支系的这10个村子，形成了以格楚楚神山为中心的村寨神结构，每个村有一个有名有姓的村寨神，要给它烧香祭祀。比如，我们日树湾村给格楚楚烧香的地方有三个，山脚有一个，山半腰核桃林有一个，村头那里有一个。村里就是各家院子的烧香台和家里的火塘。以前，每个月的初一、十五在村头那个点烧香，平时在家里面（院子）烧。现在就初一会烧一下，十五就很少了，过年会到格楚楚山脚那儿烧。它是一座比较大的山，峡谷下面有一条河，我们住在山半腰，非常垂直的那个地方才算山脚，要往上爬，爬到那点烧香，做仪式。每年有两次，一次是正月十六，一次是二月八。我们是二月十日，因为二月八是白水台那边搞。每次烧香都要念山脚、山腰和村头三个地方的神灵。[1]

上文所说的"日达"崇拜，名称和习俗都与藏族颇为相似，但该地区山神与村寨神灵构成的网络，却呈现出典型的地域特色。习建勋在他的博士学位论文中，将纳西族的圣地文化分为以玉龙山、格楚楚山和白地为中心的三个群落。[2]

他认为，东坝地区十个纳西族村庄的地域神谱系，可归纳为以格楚楚神山为中心的金字塔结构。

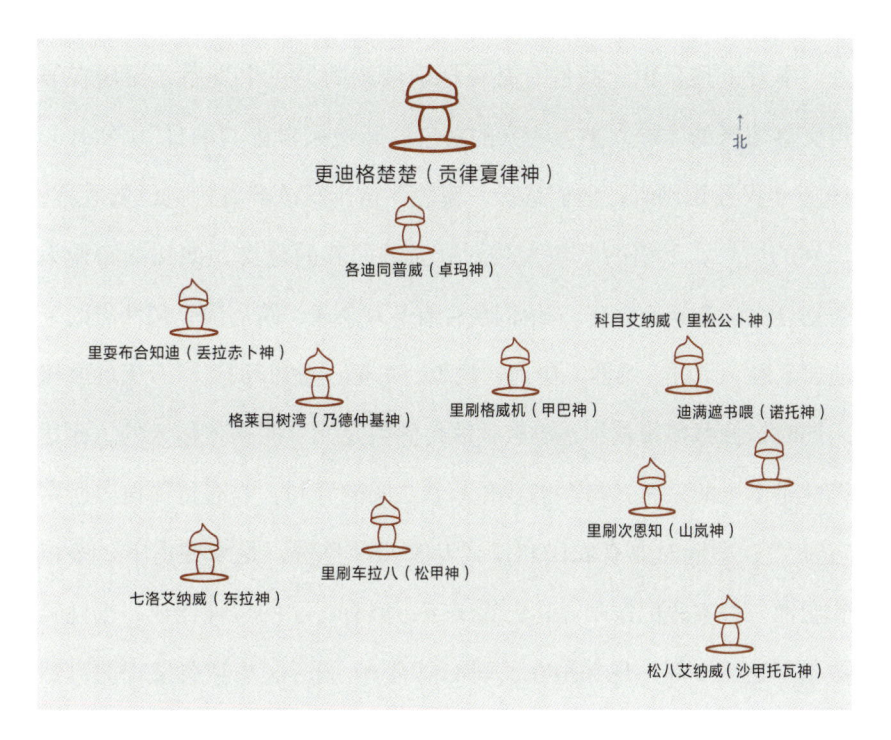

▲ 图2-1 纳罕人东巴教村寨神谱系
东巴文的神像图标的文字是村名或山名+神名[3]
（习建勋 制图）

1　2000年8月12日对习建勋的电话访谈记录。
2　习建勋：《仪式舞蹈的分析范式反思：东坝村纳罕人东巴仪式蹉戈的个案研究》，云南大学博士学位论文，2020年，第92页
3　习建勋：《仪式舞蹈的分析范式反思：东坝村纳罕人东巴仪式蹉戈的个案研究》，云南大学博士学位论文，2020年，第92页。

习建勋关于东坝纳西族山神和村寨神、家族神统辖关系的论述，有助于我们理解东喜马拉雅—横断山地地域神信仰的普遍规律，这在摩梭支系和普米族的文化中也能找到相似的例证。我们可以期待，随着更多田野调查成果的发表，"姜域"将为揭示青藏高原及周边山神信仰的底层结构提供新的视角。

除了从文化影响的角度来考察纳西族、藏族神山信仰的共性之外，关注环喜马拉雅文化的底层结构，则是一个更重要的课题。纳西学者杨福泉在讨论纳藏关系的著作中提出值得深入的两个方向：第一，不能简单地断定东巴教是在苯教传播到丽江后才形成的，二者或有可能是同源异流的文化现象；第二，苯教和东巴教的基底，有可能是普遍存在于喜马拉雅周边地区，又有很多相同元素的萨满教形态。[1]

本着上述认识，我们有必要把纳西族的另一个支系，聚居在滇川交界山区的摩梭人纳入考察的对象。摩梭人自称"纳日"（Nari），1956年民族识别时，他们选择"摩梭"这个汉语名称为自己的族称；识别的结果，云南的摩梭人被划分为纳西族的分支，四川的摩梭人被划分为蒙古族的分支。[2] 他们现今有5万余人，跨居滇、川两省的宁蒗、永胜、华坪、维西、中甸、盐源、木里、盐边等县。[3] 今天的摩梭人同时信仰藏传佛教和达巴教，藏传佛教是元末明初才传入的，而达巴教是本土的宗教，与东巴教和苯教之间的异同，尚有待探讨。所谓"达巴"，即同时兼有农民和仪式专家两种身份，是掌握占卜、祭祀和念诵三种本领的祭师。达巴无文字，但有自己的口诵经典，据说其数量曾达113部，现保留在民间的尚有67部，这些经典祭祀的自然神主要有天神"目嘎拉"，风神"汗嘎拉"，山神"日则嘎拉"，水神"汁嘎拉"，土地神"底嘎拉"等，祭祀山神的经叫作《日木古补》，祭祀天神和山神的经叫作《秋巴干》。[4]

---

[1] 杨福泉：《纳西族与藏族历史关系研究》，民族出版社，2005年，第189—190页。

[2] 施传刚：《永宁摩梭》，云南大学出版社，2008年，第18—19页。

[3] 杨顺红：《前言》，拉木·嘎吐萨主编：《摩梭达巴文化》，云南民族出版社，1999年，第1页。

[4] 刘婷、拉木·嘎吐萨：《摩梭人达巴教及其宗教特点》，《世界宗教文化》2018年第6期。

达巴经与东巴经不一样的地方，是达巴经里山神信仰的内容尤为丰富，这些经典完整叙述了山神信仰的起源，如《古部》在讲述众神的来源时唱道，远古"神分开了天和地，神分清了山和水，神和人分开了，神住山上和天空，人住山下和地上"，住在山上的就是名叫"日木古"的山神。据20世纪60年代的民族调查资料记载，摩梭人的每个村庄都有自己的神山，如永宁拉白乡每村都有固定的转神山的地方，如三家村是"安祖瓦"，拉卡西村是"巴拉姑"。农历七月各村上山烧香之后，各家再烧自己的还愿香。生病的人要做一个面人，请达巴念经，使病魔附到面人身上，带到山上烧掉，把病魔送走，病人就会痊愈。正月十五，各家到本村的山上烧香敬神。[1]

不仅每个摩梭村子会祭祀共同的山神，一个村子往往还会供奉几个山神，学者谢春波在田野调查笔记中，记录了四川省木里县屋脚乡利家咀村周边神山的情况：

> 扎西看我拍磨坊的照片，便拿过我的画本，从磨坊开始，一直画到村子周边的群山，向我讲述着这些神山的名字和名字的由来："看，我们左前方这整个山叫瓦第罗，意思是有碉堡的地方，我们曾经在这里打土匪，过去土匪想来抢我们村子的地，我们祖先就是在这里把他们打跑的。瓦第罗前面的山，叫瓦丢瓦别，是女神山，女神山旁边的是阿第罗，意思是有很多石头的沟沟，瓦第罗旁边的那座山呢，叫次里布，12座山包的意思，翻过这12座山包，就到了云南的温泉。次里布前面的那个平坡叫思迪米罗，意思是砍柴的地方，再旁边的那座叫依格米牛，意思是打猎的时候野牛躲的地方。旁边的再旁边呢，你看清那山前面的经幡和小木屋没有？那是我们村最大的山，叫那达兹。那达兹的祭山活动在每年农历初八，喇嘛去念经，每家每户派一到二人，带着苏利玛酒、

---

[1] 云南省编辑组：《永宁纳西族社会及母系制》（二），民族出版社，2009年，第424页。

猪膘肉等，等喇嘛念完经后，以家族为单位，围祭坛一周烧松毛祭祀祖先。然后大家聚到一起，在山坡上野餐，讨论新一年的打算。[1]

这种一村供奉多座神山的情形，与我们在云南藏族村庄的观察非常相似。摩梭的达巴在烧香祭山的时候，要一一念诵本地山神的名字，请求他们的庇护，如《除秽经》的祭词云：

> 祭一祭贡嘎山
> 祭一祭南方玉龙
> 祭笃神和塞神
> 祭瓦儒普那山
> 祭穿黑衣的山神
> 祭佩黑刀的山神
> 骑黑马的山神
> 戴黑帽的山神
> 祭瓦儒普那山神

这段经文结束时，达巴会念及居住地周围的山神，从左至右，用红、黄、白、黑分别代表东、南、西、北各方山神。[2] 另一个地方的达巴诵经时念到的山神名称和方位又有所不同：先是左方贡嘎山，再是西边玉龙山，然后是木里的瓦板都子山和哈里都子山、斯里都子山等，又到泸沽湖周围的犁铧山、牛心山、四季山、老鹰山、长刀山、黑白山、格姆山。[3] 值得注意的是，这些祭词所念及的山神，是有一定层级关系的，经文的念诵方式是由远到近，先念藏地的贡嘎雪山，然

---

1 谢春波：《利家咀田野日记——〈离开故土的祖母屋〉背后的摩梭故事》，载章忠云主编：《云南乡村影像研究》，民族出版社，2018年，第332—333页。
2 拉木·嘎土萨主编：《摩梭达巴文化》，云南民族出版社，1999年，第333页。
3 拉木·嘎土萨主编：《摩梭达巴文化》，云南民族出版社，1999年，第314页。

图 2-2
2016年2月利家咀村摩梭人祭山活动：各家族烧香（谢春波 摄影）

后念丽江的玉龙雪山，其次再念及地区的和本地的不同家庭和家族崇拜的神山。如上述利家咀村的诸多神山中，最重要的是那达兹。据谢春波调查，每年正月初八的上午，全村人都要聚集到半山腰举行祭祀活动，那里有一座石砌的烧香台，旁边有座神龛，烧香台上供着红色的"多玛"，四周被彩色的经幡和一圈石堆包围。等达巴和喇嘛念经后，村民按照家族，在石堆上顺序摆放松明和松枝，点火焚香。仪式完毕，大家在山坡上集体聚餐。[1] 关于摩梭祭祀山神的层级特性，在20世纪60年代民族调查报告里有一个案例，记载了永宁地区忠实乡摩梭人在一年中参加的五种祭山活动：

> 第一种，农历七月二十五游狮子山"格姆古"，这位永宁坝子的女神是众山神之主，管理着永宁坝子的人畜和庄稼，要朝拜她保佑永宁地区人畜平安，庄稼丰收。第二种，朝拜"巴登哈摩"[2]，她是木里地区的女神，从海上来到"屋足尼可"洞住下，本事特别大，在西藏很有名。永宁地区的高僧，每年十一月中旬要到那里住七天，念经，月底返回。永宁地区土司或富裕的百姓，若家里妇女不育，朝拜狮子山仍久不怀

---

1 谢春波：《利家咀田野调查笔记》，未刊稿。
2 这位女神可能是藏传佛教的护法神班丹拉姆。

孕，只好去朝拜巴登哈摩。第三种，朝拜"则枝"山，忠实乡的则枝山主管孩子的健康成长。有孩子的家庭，会选每月的初一或十五去祭祀。各村的人都把此山看作本乡的保护神。第四种，朝拜"阿沙"山，在开坪乡的阿沙山上有座喇嘛庙，主管喇嘛的山神。每年初一初二，永宁的活佛和喇嘛要去念经。平日初五、十五、二十五，也有人去祭祀。第五种，祭"哈瓦"山神，他是男山神中最大的，但要受格姆管辖。每年七月十五，永宁盆地的拖支、开坪、忠实等乡男女，成群结伙去祭祀。方式和目的和祭格姆女神相同，只是规模和气氛不那么隆重。[1]

从上述案例可以看出，摩梭的神山并不是各自孤立存在的，除了拉木·嘎吐萨所说地区的、家族的、家庭的三种类型之外[2]，还与纳西族和藏族的神山相连，构成一个多层级、跨地区、跨族群的体系。因缺乏相关研究，我们无从得知这个体系是如何分类和呈现的，但由此可以找到一个方向，通过对摩梭、普米、纳西等人群相关仪式的调查，去发现姜域诸族群神山信仰的共性和各自的特征。

在姜域诸族中，普米族的文化同藏族最为接近。其祭师叫作"韩归"，意为"巧于辞令"，又说是"法术高"的意思。据藏族学者考证，韩归为藏语"持咒者"之意。韩归主持的祭祀主要有祭天、祭水、祭山、葬礼等。山神叫"日增"，祭山神叫"日增崩"。每个家庭、氏族和村庄，都会在村寨附近选定一片树林作为神树林，并选一棵树为山神树，祭山神即在神树林进行[3]。据李雪的调查，在云南，金沙江中游的宁蒗普米族和澜沧江、怒江之间的兰坪普米族祭山的目的，虽然都是向山神祈福，但具体内容有所不同，其一是时间不一

---

[1] 云南省编辑组：《永宁纳西族社会及母系制》（二），第105—106页。

[2] 拉木·嘎吐萨主编：《摩梭达巴文化》，云南民族出版社，1999年，第603—604页。

[3] 奔厦·泽米：《普米族白石崇拜的文化解读》，《云南民族大学学报》（哲学社会科学版）2011年第3期。

△ 图2-3
摩梭人的神山体系

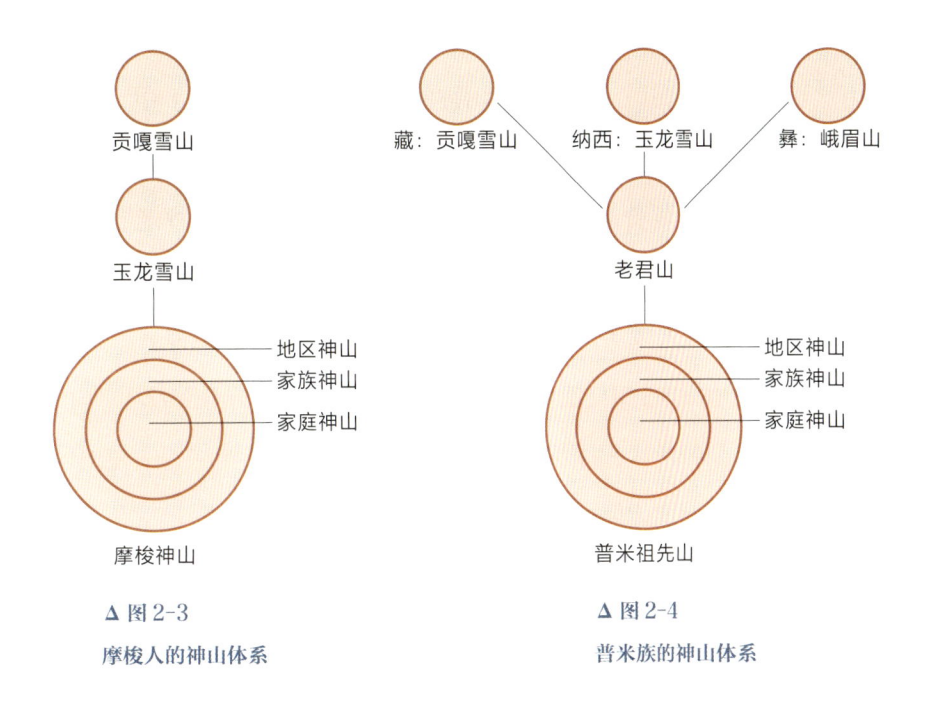

△ 图2-4
普米族的神山体系

样，宁蒗县的普米族是在每年冬月十五，或初五、十五、二十五这几天，五六个村子一起转山；兰坪县普米族的祭山是在农历二月或八月；其二是兰坪的普米族受白族影响，把山神分作一般的山神和本主山神，二月或八月的仪式祭的是本主山神；其三是宁蒗的祭祀更接近藏族的习俗，由喇嘛和韩归分别主持；兰坪的祭祀则更凸显民间信仰的成分，由韩归主祭，有羊和鸡作为杀牲的祭品。[1] 山神并不只是一个观念性的存在，他们还具有维系社会关系，促进族群和文化认同的功能，是普米家族认祖归宗的凝聚点。云南宁蒗县的普米族有火葬习俗，葬礼中有一个用白绵羊送亡灵回归祖地的仪式，叫"给羊子"（戎肯），也证明了神山与家族的关系。此仪式何时操办，需看各家经济条件而定。[2] 寄存骨灰罐的神山"罐罐山"和祖灵回归的祖灵山"阿算日增史贡乌"，是整个家族、氏族灵魂的寄居地。在杀羊之前念的经文，要招引神山的水来洗净绵羊。[3] 祭词念到两座重要的神山"日达"，一座是青海的"玛尼邦热"（阿尼玛卿），另一座是贡嘎雪

---

[1] 李雪：《普米族文化地域差异性研究》，云南大学硕士学位论文，2013年，第34—35页。

[2] 奔厦·泽米、杨俊伟：《普米族"释毕戎肯"葬礼场域的社会关联》，《民族艺术研究》2011年第1期。

[3] 才让卓玛：《普米熙布仪式中的多元身份认同研究》，西南大学硕士学位论文，2014年，第20页。

山"贡嘎热松贡布"。韩归祭祀山神的口诵经文《卡尔莎》中,在祈祷普米族氏族性的神山"阿算日增史贡乌"(意为父亲山或祖先山)时,还要念诵兰坪普米族的神山"甲布甲雅让果罗"(兰坪老君山)、纳西族的"惹篙莎朵吉"(丽江玉龙雪山)、藏族的"贡嘎惹耸"(贡嘎雪山),彝族人聚居的"罗洛玛戴吉"(峨眉山)等山神名,以此祈求现居住地周围的山、普米族历史上曾迁徙居住的山不受毁坏。[1] 由此可以看出,普米族和摩梭人一样,也有一个由内到外扩展的神山体系,将本族群同周边族群的神山连接起来。

综上所述,山神信仰在姜域的普遍性,并不能全靠传播论这一种方法解读,而应当将其视为姜域以及环喜马拉雅地区一个带有普遍意义的精神内核,是一个多种文化(包括藏文化、姜域文化、环喜马拉雅文化、内亚文化等)融汇的信仰基础;而在不同区域,有其主导性的文化(如藏文化、纳西文化、普米文化等)作为支撑。在姜域的山神故事和祭祀中,与祖先之"灵"的沟通,能够在山川阻断,空间悬隔的环境中,通过仪式构建真实的和想象的血缘、地缘群体,区分异己和我族的重要意义。

当我们把东喜马拉雅和横断山地的山神信仰放在一个比较的框架中观察时,便会发现,卡瓦格博正位于"蕃域"和"姜域"的结合部,有关他的信仰呈现出极其丰富的色彩。

卡瓦格博山神的明妃名叫缅茨姆,噶玛·让炯多吉的祭文指明她是卡瓦格博的明妃。我们在田野调查中听到不同的传说,有的讲"缅茨姆"的意思是大海的女儿,说她是恶罗海国鲁神之女。相传山神卡瓦格博随格萨尔王远征恶罗海国时,缅茨姆与他一见钟情,恶罗海国王无奈,只能把女儿嫁给他,并向格萨尔王称臣,缅茨姆从此来到南部门地察瓦绒生活,成为专门掌管该地区药材的药皇后,与卡瓦格博一道保护这里的众生。在德钦县雪山深处的雨崩村,村民告诉我们缅

△ 图 2-5
德钦县飞来寺村居民家里的缅茨姆壁画(郭净 摄影)

---

[1] 熊永翔、李鹏辉:《普米族韩归教人地和谐的自然观》,《回顾与创新:多元文化视野下的中国少数民族哲学——中国少数民族哲学及社会思想史学会成立30年纪念暨2011年年会论文集》,2011年,第257、262页。

图 2-6
玖龙村寺庙里的卡瓦格博壁画，右上角是他的明妃缅茨姆（郭净 摄影）

茨姆来自"姜域"，是玉龙雪山的女儿。在雨崩村与果念村之间有条形似马鞍的山梁，是雨崩和果念村村界的一部分，叫作"姜崩嘎"，意思是"姜地的（姑娘）放下马鞍的地方"。"姜"在德钦藏话里特指"纳西族"。村民说，缅茨姆从纳西人的地方来到此地下马休息，并取下神驹鞍座放在这里，后来这条山梁变成了马鞍的样子。布村的熊爷爷斯那多居收集的传说则讲：卡瓦格博和缅茨姆生了三男二女，小女儿卡瓦玉措卓玛远嫁丽江，成了玉龙雪山的山神。[1]

这些故事反映了姜域山神与蕃域山神结成联盟的方式。在古代，扩大政治联盟的捷径便是和亲，这无论对唐朝还是对吐蕃而言，都是如此，松赞干布迎娶唐王室的文成公主和尼泊尔的赤尊公主，是一个典型的例子。后来的吐蕃王赤德祖赞，也曾与当时云南"乌蛮"六昭中的越析昭联姻，娶其首领的女儿"姜姆赤尊"为妃，生下长子"姜察拉温"，这母子的名字均以"姜"为首，以表明他们的出生地。[2] 如果把青藏高原的众山神看作一个规模庞大、关系复杂的血缘和姻亲集团，卡瓦格博山神便是一个与姜域族群联姻的山神家族。通过婚姻的纽带，姜域和蕃域的山神信仰被连接到了一个更大的文化圈层当中。

---

[1] 斯那多居、扎西邓珠编著：《圣地卡瓦格博秘籍》，云南民族出版社，2007年，第47—50页。

[2] 阿错：《古藏文文献中的姜及姜域解读》，《西藏民族大学学报》（哲学社会科学版）2019年第4期。

第三章
卡瓦格博雪山山神的确立

地区文化中，作为山神的卡瓦格博，也有其诞生和成长的历史。美国宗教史学家伊利亚德认为："我们必须考虑到苯教，以及前弘期佛教以前的本地宗教的重要性。"据此观点，他把西藏宗教的演变划分为三个阶段：传统宗教、苯教、佛教。[1] 如果以藏文献为依据，关于卡瓦格博的记载始于苯教和佛教交替的时期，之后的资料逐渐增多。而前苯教时代，即伊利亚德所说的"传统宗教"时期，目前还只能根据民间故事去推测想象。但我们在推崇文字史料的同时，也不可轻视民间故事的价值。毕竟无论在蕃域或在姜域，与苯教和佛教并存的传统宗教仍然有着强大的生命力，而这些宗教赖以生长的土壤，便是口传文化。

一、前佛教时期的卡瓦格博

卡瓦格博山神在史前时代，应该是从本土信仰的摇篮中孕育降生的，我们可以在"洛门察瓦绒"和"姜域"的民间故事中找到一些蛛丝马迹。如德钦藏族关于卡瓦格博的传说，都认为他最早是怒江、澜

---

[1] 米尔恰·伊利亚德：《宗教思想史》第三卷，上海社会科学院出版社，2004年，第1162页。

▲ 图 3-1　卡瓦格博神山的三界宇宙观图示（郭净 摄影并注释）

沧江河谷地区的一大凶神，被称为"绒赞卡瓦格博"，"绒"指河谷，"赞"指赞神，"绒赞"即河谷地区的赞神。赞原是苯教神系中最重要的神灵之一，其来源或为各地的地方神，被苯教整合进一个三元的立体宇宙观里，这个宇宙观把世界分为三界，居于上部的叫"拉"，居于中间的叫"域拉"，或"念"，或"赞"，居于地下的叫"鲁"，早期苯教净桑祭文就有对三界神灵的祈祷：

祈愿上方拉神清净，

祈愿下方鲁清净，

祈愿中间念清净。[1]

---

[1] 德庆多吉译：《西藏本教经文集》，西藏人民出版社，2008年，第104页。

苯教经典把居于中界的赞分为岩赞、水赞、土地赞、天赞、山崖赞、雪山赞。其中大多数赞和山有关。赞所居住的地方，实际上是与天连接的山和岩石。所以赞神在许多地方都与山神合一。它们大多住在红色的岩石上，那里或涂着红色的颜料，或盖着红色的小房子"赞康"（赞的房子）。赞以凶悍勇猛著称，与众生同住在此世间轮回。[1]

卡瓦格博属于赞神中的"雪山赞"，所以他的颜色不像其他赞神那样为红色，而为雪一样的白色：

> 绒赞卡瓦格博神灵啊，
> 白人骑着海螺色的马，
> 身上装饰白盔和白甲，
> 腰挎利剑利刃和长矛，
> 左手高持圣洁如意宝，
> 右手紧握雪白缨簇箭。[2]

德钦当地流传着观音菩萨在卡瓦格博观修入定，猕猴与罗刹女交合产生人类的故事。其基本内容，和西藏流传的世界起源神话一致，只不过把故事的发生地从泽当换到了卡瓦格博。虽然上述传说已经被整合进佛教文化的框架中，但卡瓦格博作为土著山神的形象还依稀可见，而且，它在本地居民眼中的地位，是可以和须弥山相比拟的。

无论在传统宗教时期，还是苯教和佛教时期，藏族都把山岳作为地域观念的核心，山岳在其文化中被视为最基本的空间因素，是一切生活和信念的基础。在藏语中，并没有完全对应于汉语"神山"的词汇，与之意义相近的是"乃日"或"拉日"，前者意为"圣地"，后者意为"魂山"。以神山为驻锡地的神灵，汉语叫作"山神"，藏语

---

[1] 内贝斯基：《西藏的神灵和鬼怪》，西藏人民出版社，1993年，第200页。
[2] 斯那多居、扎西邓珠：《圣地卡瓦格博秘籍》，云南民族出版社，2007年，第25页。

却有诸多称谓，其中有三个重要的名称，为"念""域拉""奚达"。[1]

"念"，即上文所说居于中间的神灵，其居所为山岳，念和鲁的本性都异常凶猛，会给冒犯者带来病痛。

"域拉"，本意为"地域神"，"域"指地域，"拉"指神灵。前文谈到，"域"是藏族最重要的地理概念，每个"域"无论大小，都有其特定的保护神，其中包括居住在山岳的山神。所以，域拉的概念要大于山神的概念，山神只是域拉的一种，但有时域拉也可以指代山神。

"奚达"，本意是"土地的主人"和"万物之根本"，相当于汉语的"土地神"。

这些词的含义表明，藏地的山神是地域守护神的一种，如雅拉香波是雅隆河谷所有土地神的首领，五台山的山神是所有汉地土地神的首领，念青唐古拉是所有卫藏（西藏中部）土地神的首领。[2]大地上的生命都在它们的掌管之下，在山神的庇荫下繁衍。在藏族古代的祭祀仪轨中，还时常以"域拉奚达"的联称来指代"山神"，这种叫法至今还保持在安多和康巴方言里。[3]根据苯教的观念，神山可以贯通上中下三界，将之连成一体，如印度教、苯教和藏传佛教共同信奉的神山"冈仁波切"就是典型的例子。在苯教的信仰中，外形像十字水晶金刚杵的冈仁波切，贯穿了宇宙三界，向下伸到鲁界，山峰插入神界。在吐蕃时期，苯教大师和君王在天地之间往返的主要媒介是神山，藏语称作"穆塔"[4]。山就是人和神沟通的中介，它们被当作神灵和天王上下的"天绳"。按照史籍的说法，从涅赤赞普开始的七位赞普，是吐蕃最早的君王，他们都自天界下凡，所以被称作"天界七王"。神

---

[1] 英加布：《域拉奚达与隆雪措哇：藏传山神信仰与地域文化研究》，兰州大学博士学位论文，2009年，第25页。

[2] 内贝斯基：《西藏的神灵与鬼怪》，西藏人民出版社，1993年，第254页。

[3] 英加布：《域拉奚达与隆雪措哇：藏传山神信仰与地域文化研究》，兰州大学博士学位论文，2009年，第36页。

[4] 参见达仓宗巴·班觉桑布：《汉藏史集》，第81—82页。有关考证，详见王尧、陈践译注：《敦煌本吐蕃历史文书》，第186页；谢继胜：《藏族的山神神话及其象征》，《西藏研究》1993年第4期；林继富：《藏族天梯神话发微》，《西藏研究》1992年第1期。

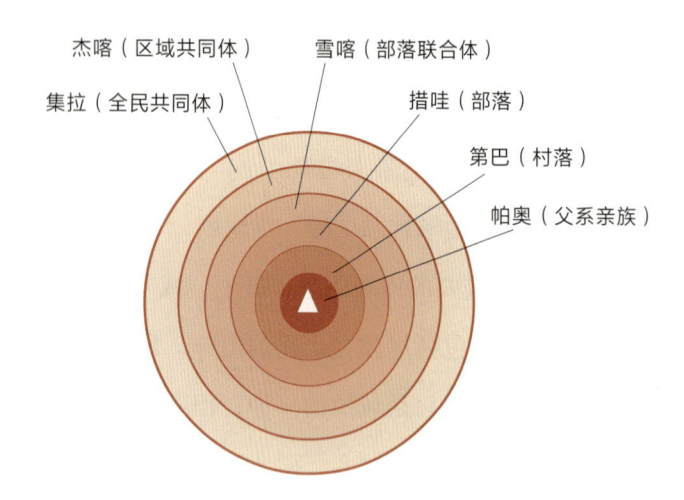

▶ 图 3-2
藏地山神的层级
（根据英加布《域拉奚达与隆雪措哇》的论述制图）

杰喀（区域共同体）
雪喀（部落联合体）
集拉（全民共同体）
措哇（部落）
第巴（村落）
帕奥（父系亲族）

山被看作连接天地的木梯，"这是一架吐蕃式的木梯，即用带槽口的树干架成的梯子"[1]。

随着吐蕃王朝统一青藏高原各部，藏地的山神逐渐形成庞大的体系，这个体系与大大小小的血缘、地缘群体对应，分成六个层级：第一层，守护父系亲族"帕奥"的山神；第二层，守护村落"第巴"的山神；第三层，守护部落"措哇"的山神；第四层，守护部落联合体"雪喀"的山神；第五层，守护区域共同体"杰喀"的山神；第六层，守护全藏"集拉"的山神。[2]

在吐蕃时期，有九位山神处在山神层级的顶端，属于"集拉"级别的山神，它们是吐蕃王室按照血缘和政治地位所确认的山神家族。这个谱系可追溯到吐蕃时期古老的山神沃德贡杰，在古老的苯教传说中，他被尊为山神之父，他和他的八个儿子组成了"世界形成之九山神"。在藏文献中，这九大山神有不同的说法，其中出现频率最高的九位山神，有七尊位于西藏境内：

沃德贡杰，位于桑日县境内；

雅拉香波，位于乃东县和琼结县交界；

---

1 石泰安：《西藏的文明》，中国藏学出版社，2012年，第41页。
2 英加布：《域拉奚达与隆雪措哇：藏传山神信仰与地域文化研究》，兰州大学博士学位论文，2009年，第108页。

念青唐拉，位于当雄县境；

达拉岗布，位于加查县境；

喜微喀诺，位于洛扎县境；

贡尊岱姆，位于林芝地区；

诺金冈桑，位于日喀则地区江孜县境。[1]

另有两尊位于青海：

玛卿邦热，即阿尼玛卿，位于青海果洛的玛沁县境；

觉卿董热，位于青海玉树的称多县境。

这九大山神的分布，反映了吐蕃王朝从雅砻河谷起源，逐渐扩展到雅鲁藏布江和拉萨谷地，再控制整个青藏高原的过程。然而，正如索端智所指出的，从单体的自然山神向整体的山神体系过渡，才出现区域性的九位最高山神，但并没有产生凌驾于所有山神之上的最高自然神，恰恰反映出蕃域不同区域社会多元化的特征。[2] 从这些古老的山神派生出了众多山神家族，如"十二丹玛"、"长寿五姐妹"、"四大念青"、"二十一居士"、卫藏四大名山、八大神山，等等。它们统率的山神镇守着蕃域，并与周边门域（今喜马拉雅山脉南段，包括山南地区错那县境）、珞域（今喜马拉雅山脉南段西藏东南部地区）、茫域（今喜马拉雅山脉和冈底斯山脉西北部）和姜域（今云南省丽江和大理地区）的山神相互融合，或结成联盟，形成涵盖青藏高原的山神网络，其影响波及十多个民族。在苯教和佛教的典籍中，绒赞卡瓦格博被列为"察瓦绒"的保护者[3]，相当于"杰喀"级别的山神。这些地方神，有二十一位曾被授予居士戒（格年）的名号，其中包括卡瓦格

---

1 洛桑·灵智多杰主编：《青藏高原山水文化导论》，中国藏学出版社，2018年，第96—97页。

2 索端智：《藏族信仰崇拜中的山神体系及其地域社会象征》，《思想战线》2006年第2期。

3 内贝斯基：《西藏的神灵与鬼怪》（上），西藏人民出版社，1993年，第267页。

博。[1] 这些高阶位的山神，是随着藏文化影响范围的扩大，逐渐从世界形成之九神山的体系演变而来，它们均属于全民共同体或区域共同体等级的，其分布范围，标志了吐蕃王朝在青藏高原日益延展的版图。[2] 这份山神名录也说明，在吐蕃时期，镇守蕃域东南部的卡瓦格博已从土著的守护神升格成了苯教的跨地域山神。

卡瓦格博获得这一地位，与7世纪以来吐蕃对今迪庆和丽江长达百年的控制有关，[3] 也与8世纪吐蕃赞普赤松德赞崇佛禁苯，导致大批苯教徒亡命喜马拉雅东南和横断山地有关。根据1477年成书的苯教典籍《苯教源流弘扬明灯》[4] 所载，苯教在卫藏被禁后，辛波们由"四人作为众多领头者，以神变和预兆让苯法由青狼和虎豹驮着，前往东方霍尔、姜地和汉地"[5]。书中还提到苯教徒"将苯法当作伏藏法宝埋藏后，辛波们从松巴郎吉金学（藏汉边界地带的一个地名）向下启程，共同祈愿：'前往蒙古猴皮衣、穴居姜女[6]、霍尔、草人、树人等地方，但愿到达没有阻隔！'"[7] 而所谓"姜女"的穴居地为何处，还有待查证。《苯教源流弘扬明灯》还列举了许多埋藏苯教伏藏的地点，其中之一是"察瓦绒"。[8] 苯教在卡瓦格博地区留下的影响，至今仍有踪迹可寻。在卡瓦格博最深处的雨崩村，就有一座小神山叫作"苯波日"，村民说是早年苯教活动留下的遗迹。苯教典籍记载，当年苯教师（辛波）埋藏经典的地点，会命名为苯波山，以作为标记，如雅砻

---

[1] 内贝斯基：《西藏的神灵与鬼怪》（上），西藏人民出版社，1993年，第256—257页。

[2] 英加布：《域拉奚达与隆雪措哇》，第141页。

[3] 冯智：《东巴教与滇西北苯教流行史迹试探》，《中国藏学》2008年第3期；杨福泉：《论唐代吐蕃苯教对东巴教的影响》，《思想战线》2002年第2期。

[4] 芭·丹杰桑布，苯教五大家族之一"芭"家族传承人，苯教后弘期大师和著名学者，《苯教源流弘扬明灯》汉译文参见杨黎浩：《早期藏族苯教历史研究》，陕西师范大学博士学位论文，2016年。

[5] 杨黎浩：《早期藏族苯教历史研究》，陕西师范大学博士学位论文，2016年，第171页。

[6] 文中汉译"姜女九眼人"，有误，应为"穴居姜女"。

[7] 杨黎浩：《早期藏族苯教历史研究》，陕西师范大学博士学位论文，2016年，第164页。

[8] 杨黎浩：《早期藏族苯教历史研究》，陕西师范大学博士学位论文，2016年，第174页。

的"苯波日",工布的"苯日"[1]。据此,雨崩村的苯波日也可能是因苯教徒埋藏伏藏而留名的。

苯教与卡瓦格博关联最直接的证据,是我们在2003年调查中发现的。这一年是卡瓦格博的"本命年",我们在做转山人群的问卷时,发现了大批苯教徒。我们询问了其中的五批人:西藏左贡县林卡乡78人;左贡县乌雅乡三车50多人;西藏察隅县扎拉区布巴乡巴布村9个人;察隅县竹瓦根乡60多人;西藏那曲地区比如县白嘎乡6人。据调查,在卡瓦格博西面的"察瓦绒",至今还有苯教的信仰者,如在察瓦龙乡,当地人传统上以通德拉山为界,北边玉曲河流域称"蚌列三组",南边怒江流域称"绒麦四林",西边怒江和玉曲汇合地带称"强松五域"。其中的蚌列三组过去为格鲁派寺院的属民,绒麦四林是萨迦派寺院属民,强松五域基本上是苯教徒,各村都有苯教小庙。[2] 在卡瓦格博东面的"姜域",纳西族的东巴教、摩梭人的达巴教、普米族的韩归教,都吸纳了很多苯教的元素,并且当地的苯教活动到今天还存在。需要强调的是,卡瓦格博不仅是一座佛教的神山,也是一座苯教的神山。它在连接藏文明和周边各族群的多元文化,连接苯教和佛教文化方面的功能,是很多神山无法比拟的。

▲ 图3-3 莲花生大师

二、被降伏的土著神灵

7世纪至9世纪,是蕃域山神体系形成和扩张的阶段,这与当时的两个历史大趋势有关。第一个大趋势是唐朝、吐蕃和南诏的政治竞争。彼时,唐王朝盛极而衰,而崛起于世界屋脊的吐蕃王朝在7世纪前期便统一了西藏,经过100年的经营,进占河西走廊,北抵突厥,南至川西,幅员达万余里。彼时,滇西北正处在一个剧烈动荡期。大致以"神川"(金沙江)为界,以北为古宗(藏人)居住区,以南则

▲ 图3-4 格萨尔王

---

[1] 杨黎浩:《早期藏族苯教历史研究》,陕西师范大学博士学位论文,2016年,第164页,刘洁:《工布〈苯日神山志〉考论》,《中国边疆史地研究》2019年第4期。

[2] 阿旺贡觉等:《察瓦龙民俗文化综览》,《西藏研究》2012年第5期。

分属于六个乌蛮部落"六诏"。738年，蒙舍诏首领皮罗阁兼并其他五诏，于大理太和城建立南诏国，之后被唐朝册封为云南王，与唐、蕃形成三足鼎立之势。从8世纪中叶至9世纪初，吐蕃持续征战滇西北，多次击败南诏，但吐蕃赞普都松茫波杰却在云南战死。在纷乱的局势中，南诏周旋于唐、蕃之间，交替使用联盟和叛离的手段对付两强。这三国争霸的游戏，到8世纪末方告一段落，先是吐蕃分裂，不久，唐朝和南诏也都疲于征战，国力耗尽，终于在内乱中改朝换代。

另一个大的历史趋势是佛教在蕃域的传播。7世纪，藏王松赞干布从尼泊尔和汉地迎娶赤尊和文成两位公主，也引入了佛法。但此后很多年间，吐蕃王朝的王室和百姓依然信奉着苯教，佛教只有几座小庙，并不昌盛。直至8世纪中叶，赞普赤松德赞为剪除擅权的大臣和苯辛（苯教信仰者），推动政治和宗教改革，邀请佛学大师莲花生和寂护从天竺到西藏传播佛法。莲花生从今天的尼泊尔入藏，一路降妖伏魔，显现神迹，使蕃域山神一一归附。[1] 借此，莲花生将原有的诸多土著神鬼纳入佛教的体系之中。

有关卡瓦格博的各种文字和口传资料，均认定莲花生大师曾到达迪庆，由格萨尔王打头阵，收服了以卡瓦格博为首的所有山神。在当地人的眼里，卡瓦格博虽然被佛法降服，但依然是一个备受尊崇的、如须弥山一般伟大的神山。他们常把卡瓦格博同西藏和汉地的圣地相提并论，谓之"百处圣地之尊，当属卡瓦格博"，这一说法，至今仍在弦子歌词中流传。[2] 有的民间传说甚至认为，卡瓦格博是世上"三大圣地"之一，所谓"世上第一圣地，在那拉萨觉沃坝……世上第二圣地，在那汉地五台山……世上第三圣地，是我故乡圣地卡瓦格博"[3]。对这些民间的说法，不能简单看作是一种类比或地方主义的自

---

[1] 洛珠加措、俄东瓦拉译：《莲花生大师本生传》，青海人民出版社，2007年，第397—403页；巴塞囊著：《拔协》，佟锦华、黄布凡译注，四川人民出版社，1990年，第21—22页；巴卧·祖拉陈瓦：《贤者喜宴》，第138—139页。

[2] 美德诺·斯郎伦布主编：《飞翔的雪山——德钦民间弦子歌词汇编》，云南民族出版社，2011年，第56—57页。

[3] 美德诺·斯郎伦布主编：《飞翔的雪山——德钦民间弦子歌词汇编》，云南民族出版社，2011年，第62页。

▶ 图 3-5
被卡瓦格博降伏的本地山神
八座（宗仁钦多吉绘制）

月亮谷八座宗

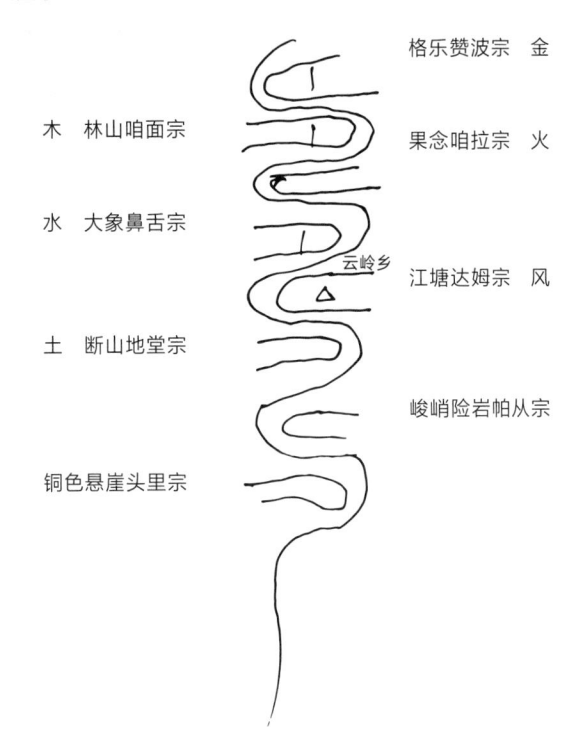

木　林山咱面宗　　　　　　　格乐赞波宗　金

水　大象鼻舌宗　　　　　　　果念咱拉宗　火

　　　　　　　　　云岭乡　　江塘达姆宗　风

土　断山地堂宗

　　　　　　　　　　　　　　峻峭险岩帕从宗

铜色悬崖头里宗

大心态。索端智在研究青海热贡藏族山神信仰的特征时，做了一个很精辟的解析：

> 如果从一个社区人民的视阈看出去，人们所能看到的最高的山神只有一个，按热贡社区人民的说法，"域拉加吾"或"万神之尊"只有一个，因为神最重要的社会性功能便是社区统一的标志。从热贡藏区人们的视阈看去，"阿尼玛沁"（阿尼玛卿）山神是最高的山神，他们认为所有山神都从"阿尼玛沁"而来，而对"阿尼玛沁"以外藏区其他几大山神，则很少有人知道。[1]

因为人与其生存环境结成的亲密关系，而导致对本土守护神的高度认同，无论在甲域（汉地）、蕃域还是在姜域，都是极为普遍的现

---

[1] 索端智：《藏族信仰崇拜中的山神体系及其地域社会象征》，《思想战线》2006年第2期。

象。尤其是在强大的政治权威消亡之后，斯巴九神、昆仑、泰山之类的众山之王（或众山之母）也失去了号令天下的权势。反之，与社区生活联系最紧密的地域神、家族神，当进入地方性传说体系后，便常常顶替了那些从天而降的或外来的高阶神灵，成为当地人朝夕相处的伴侣。故此，在德钦的地方传说中，卡瓦格博不仅是被征服的对象，他皈依佛法后，也摇身一变成了征服者，又像格萨尔王那样，在莲花生的授意下去降服其他山神，并将他们收编为自己的眷属和部下。莲花生通过调伏土著鬼神，将其纳入佛教的护法神体系，并为供养这些神灵留下了一部《大广净神祭供》，这是藏族净桑颂文的开篇之作。[1] 文中邀请受供的神灵上至阿里三围，下至多康六岗，卡瓦格博亦位列其中。[2] 这是卡瓦格博第一次出现在藏文的祈颂词当中。雨崩村的老人说，卡瓦格博的名号也随着它皈依佛法而改变，以前叫作"绒赞"，是绒地的煞神；后来叫念青，有雄伟庄严的意思，以表明这位地方保护神获得了新的地位。

三、佛教教派对卡瓦格博的加持

卡瓦格博佛教化的过程，并非一次性完成的。在外转卡瓦格博的路途中，我们在怒江边看到很多佛教石刻，除了常见的六字真言以外，最多的就是与噶玛巴相关的咒语。它们证明了一个史实：继莲花生大师降伏卡瓦格博之后的漫长岁月中，藏传佛教各教派的高僧大德又不断地为这位山神加持，提高他的地位，其中用力最勤的，是噶玛噶举派的历代宗师。

噶玛噶举派活佛分为黑帽和红帽两系，黑帽系的活佛称为噶玛巴，又被尊称为"大宝法王"。该教派开创了藏传佛教活佛转世的制度，其势力曾于元代达到鼎盛。自元朝到明朝，云南西北部（主要

---

[1] 旦知肖、杨新宇：《藏族净桑仪式及祈颂文流变探析》，《中国藏学》2019年第3期。

[2] 索南本编著：《祭祀颂词集》，民族出版社，2003年，第150—168页。

▶ 图 3-6

噶玛·拔希铜造像

是迪庆和丽江)一直是噶玛噶举派传播的重要区域。噶玛噶举派的高僧以云游四方、搭帐篷传法为特征,这在历代噶玛巴的传记中多有反映。他们的足迹遍及藏地、中原乃至蒙古,是典型的"行脚僧"(wandering ascetic),故有学者称之为"云游的国师、法王"[1]。该派有三个重要的传法中心[2]:第一,一世噶玛巴都松钦巴于1164年在理塘岗波聂依开辟的圣地;第二,都松钦巴1147年在今西藏昌都县噶玛乡建立的噶玛丹萨寺[3];第三,1187年在拉萨西北堆垄德庆地方建立的楚布寺。从1147年噶玛丹萨寺创建前后,到1272年楚布寺扩建之间的100多年里,噶玛噶举派高僧的主要活动范围,都在以昌都为中心的金沙江、澜沧江、怒江流域地区。与昌都噶玛丹萨寺相距并不遥远的云南涉藏地区,特别是今德钦县卡瓦格博雪山下的"绒地"(河谷),

---

[1] 刘冬梅:《造像的法度与创造力》,民族出版社,2012年,第64、68页。

[2] 阿错:《明清时期噶玛噶举派姜域传播研究》,西南民族大学博士学位论文,2019年,第40页。

[3] 刘冬梅:《造像的法度与创造力》,民族出版社,2012年,第30、61页。

自然成了噶玛噶举派高僧云游传法的目的地之一。

噶玛噶举派兴起于12世纪，该派传入云南的记载也见于这一时期。迪庆学者松秀清先生认为，卓衮热钦来到朋波岗下部，在今中甸的翁水（翁水，意为"翁下部"）建立咒部，有关卓衮热钦活动的这一记载，为迪庆与噶玛噶举教派结上法缘关系的最早记录；阿错利用实地调查的口述资料，证明苏朗甲楚的观点是有说服力的，[1]此应为噶玛派在包括迪庆在内的康南藏区传播的肇始。

据藏文文献记载，最早来到云南的噶玛噶举派高僧是噶玛·拔希（1204—1283），他是该派活佛转世制度和黑帽系的开创者，被尊为第二世噶玛巴。噶玛·拔希出身于康区金沙江流域今昌都地区江达县境内[2]，年轻时就出家，曾到西藏学法，成为著名的高僧，在康藏地区广为传教。13世纪前半期，他三次云游到滇藏交界地带，受到地方神的迎接，并在今德钦境内见到神山卡瓦格博的奇异景象。[3]在噶玛·拔希之后，第三世噶玛巴让炯多吉（1284—1339）也来到迪庆，朝觐卡瓦格博神山。据《噶玛巴活佛传》记载，让炯多吉来到察瓦觉扎山口时，卡瓦格博山的格念（指山神）扎堆（猛厉降伏）白人白马持白旗前来迎接，并显示了自己在卡瓦格博雪山里的神宫。让炯多吉为此神山作了朝圣指南，一直流传至今，全名叫作《绒赞卡瓦格博圣迹志》，有学者认为它才是目前所知在云南出现的第一部藏文著作。[4]

历代噶玛巴赴滇西北传法的遗迹，是位于明永冰川右侧的两座古老的寺庙，即海拔2650米的太子庙，藏语叫"滚缅"，意为下边的寺庙；位于海拔3100米的莲花寺，藏语叫"滚堆"，意为上边的寺庙。到了第五世噶玛巴得银协巴（1384—1415），黑帽活佛便有了"大宝法王"的称号，此一封号追溯都松钦巴为第一世，辗转相承到现在共计十七世。得银协巴本人是否到过滇西北，尚无确证，但德钦县明永

---

1 阿错：《明清时期噶玛噶举派姜域传播研究》，西南民族大学博士学位论文，2019年，第41—44页。

2 刘冬梅：《造像的法度与创造力》，民族出版社，2012年，第65页。

3 噶玛·才旺滚巧著：《噶玛巴活佛传》，和建华汉译，云南民族出版社，1998年，第107页。

4 徐丽华：《云南藏文古籍概述》，《中国藏学》2002年第2期。

▶ 图 3-7

三世噶玛巴让炯多吉铜造像

村卡瓦格博山腰的滚缅庙曾立藏文碑，旨在传达得银协巴的圣旨，为卡瓦格博供奉寺庙和庄园[1]，并声称是为了众生消除八难罪孽。

明末清初，今迪庆境内已有 25 座噶玛噶举派寺院，基本成了噶举派的教区。[2] 这些寺院中，最重要的是"大宝寺"，藏名"仁安衮"，位于中甸县城（今香格里拉县城）东建塘镇红坡村，占地面积 37 万平方米，距县城约 15 千米，于明代由文治武功称强于川滇一带的丽江木氏土司出资修建。大宝寺又名"乃钦杰瓦仁安"，意为五佛胜地。于康熙十三年（1674）改宗格鲁派，后成为松赞林寺直属分寺，由松赞林寺派僧人住持，殿内除了供奉有藏传佛教格鲁派本尊佛像外，依然供奉噶玛噶举的护法神。该寺不仅举办佛事活动，每年农历

---

1 斯朗伦布：《卡瓦格博史迹》，民族出版社，2018 年，第 26 页。
2 苏朗甲楚：《苏朗甲楚藏学文集》，云南民族出版社，2007 年，第 65 页。

正月初十还举行转山节、七月十五举行夏游节，届时人们都要到这里朝拜。至今转山的香客和旅人仍络绎不绝。[1]

另外，在今维西县塔城乡其宗村有个达摩祖师洞。相传800多年前，北宋时期，印度高僧达摩祖师为寻找慈母亡灵，赴中国传法，先绕道汉地，后经鹤庆至此，看中此地五谷丰登、鹦鹉鸣叫，视为终身成就之地，于山上崖洞禅定，上身化火、下身化水而圆寂。现今这里是康区著名的圣地，朝圣转经者甚多，四月份来此转山露宿的人可达万数。祖师洞左右下部原建有两寺，一名达摩寺，一名来远寺，前者为噶玛噶举派寺院，后者为直贡噶举派寺院，建于1737年，噶举派的信徒多为纳西人，因自丽江巨甸以上到塔城乡启别一带的纳西族均信噶玛噶举。[2]

噶玛噶举在滇西北的影响，因丽江木氏土司长期统治滇川藏交界地区而得到加强。15世纪时，噶玛噶举派红帽系二世活佛喀觉旺布的弟子曲贝益西任木氏土司的"帝师"，木家从此信仰佛教，成为噶举派的有力支持者。16世纪初叶，噶举派黑帽系八世活佛弥觉多吉（1507—1554）应木土司邀请到丽江，为第一个访问丽江的藏族高僧[3]。而最终导致噶玛噶举派传承中心从西藏迁移到滇西北的关键人物，是第十世噶玛巴却英多吉（1604—1674，又写作秋英多吉、曲英多杰）。

14世纪末至15世纪初，格鲁派在西藏帕竹政权的支持下崛起，建立了规模庞大的三大寺院（甘丹、哲蚌、色拉），与势力强大的噶玛噶举派竞争，到16世纪后期，在卫藏地区形成了以格鲁派为一方，以藏巴汗和噶玛噶举派为另一方的对峙局面。此时，蒙古土默特部控制了青海，明朝已不能再隔绝藏蒙两族的交往，格鲁派迅速传入蒙古

---

[1] 王晓松：《迪庆藏传佛教文化遗产保护与开发方案》，载《滇西北保护与发展行动计划文化模块——迪庆总报告》，未刊稿。

[2] 和建华：《维西县文化资源的初步调查》，载《滇西北保护与发展行动计划文化模块－迪庆总报告》，未刊稿。

[3] 冯智：《云南藏学研究》，民族出版社，2013年，第210页；习煜华、王晓松：《木氏土司与藏传佛教噶举教派法缘关系浅谈》，《云南藏学研究论文集》第二集，云南民族出版社，1997年。

各部，不仅大多数蒙古贵族与格鲁派结成了施主与福田的关系，众多蒙古百姓也成为格鲁派教义的信徒，噶玛噶举与格鲁两派的政教势力此消彼长，终于导致兵戎相见。1636年，信奉噶玛噶举派的蒙古却图汗派兵进入西藏，意在联合藏巴汗消灭格鲁派，控制藏区。格鲁派便求救于蒙古和硕特部的固始汗。固始汗乘机从新疆进入青海，打败了却图汗，继而进军康巴，并于1641年率兵入藏，平定噶玛噶举派僧人的反叛，把整个青藏地区纳入掌控之下。至此，固始汗沿袭元朝旧例，将西藏13万户的政教权力交给五世达赖喇嘛，于1642年（藏历水马年）正式建立了甘丹颇章政权。[1]在激烈的争斗中，十世噶玛巴逃出被围困的行营，在随从衮都桑波的陪伴下，一路向东行走，到了杂日，又到了卡南色巴岗。1647年，他收到姜地（丽江）萨塘王（木土司）的邀请，前往滇西北，朝拜了卡瓦格博，又到建塘（今香格里拉）参加木土司的盛大庆典，沿途有数千人迎接，供奉的礼物像云朵一样聚积。[2]

十世噶玛巴从1645年逃亡云南，到1661年返回西藏，除了中间短期回青海果洛以外，在滇西北待了10多年。他的巡游和居住地主要在今天的丽江和迪庆，其活动并不仅仅限于盛大的典礼。这部传记提到十世噶玛巴在1655年为姜域的大约1000名僧人授了出家戒和具足戒。之后在萨塘王的邀请下，施主和福田参与了很多灌顶和教示。1660年，他认定了在中甸出生的六世杰曹活佛诺布桑布（1660—1698）。[3]上面两段记载都说他去朝拜了由噶玛噶举派活佛认定的神山卡瓦格博。

为寻访十世噶玛巴的遗迹，2013年5月，我们专程前往丽江。第一站是去丽江古城的东巴博物院。2000年，美国纽约鲁宾艺术

---

1 王森：《西藏佛教发展史略》，中国藏学出版社，2010年，第248—256页；恰白·次旦平措等著：《西藏通史·松石宝串》，西藏古籍出版社，1996年，第603—604页。

2 H. E. Richardson, "Chos-dbyings rdo-rje, the Tenth Black Hat Karma-pa", in High Peaks, Pure Earth: Collected Writings on Tibetan History and Culture, London, 1998, pp.499—515. 邓云斐译。

3 冯智：《云南藏学研究》，民族出版社，2013年，第265页；卡尔·德布里斯尼：《云之南的菩萨》，见附录。

△ 图3-8
十世噶玛巴所绘释迦牟尼佛,底端两旁的供养人为当时丽江纳西人的打扮

△ 图3-9
十世噶玛巴画的罗汉图

博物馆(Rubin Museum of Art)的藏学家卡尔·德布里斯尼(Karl Debreczeny)在这里发现了七幅一组的十六罗汉画像。[1] 在一间展厅里,几位保管部的工作人员小心翼翼地把七幅卷轴一一展开,其独特的风格令人惊叹。

从形式上看,这些以丝绸为载体的作品兼具唐卡和汉地文人画的韵味,属于独具特色的"噶玛噶孜"画派,系由第八世噶玛巴弥觉多吉在"门孜"画风的基础上,融合印度"利玛"响铜造像的造型,以

---

[1] 卡尔·德布里斯尼:《奇僧黑帽噶玛巴》(*The Black Hat Eccentric*),纽约鲁宾艺术博物馆,2012年。

及汉地"丝唐"艺术风格而创立[1]。将"噶玛噶孜"画风推至顶峰的人物，便是流亡滇西北的十世噶玛巴。其中一幅，画的是几个罗汉在观赏仙鹤的卷轴，它所描绘的，就是十世噶玛巴在丽江居留时，常常和当地文人以诗画交流的场景。据当地的传说，噶玛巴在丽江曾与一位汉族专业画师马肖仙交往，并把他带回西藏。《丽江府志略》载，"马肖仙江南人，工图书山水，臻神品，花卉人物，靡不精妙，识者称为马仙画"，由此可以想见，十世噶玛巴在云南，曾与汉地画师多有交往和合作，逐渐改变了严格按照度量经规划构图，再做线条勾勒的习惯，而采用了水墨画的"没骨"技法，以及大量留白和空灵流畅的运笔技巧，在汉藏绘画史上自成一派。他笔下的十六罗汉，完全摆脱了象征性的程式笔法，个性鲜明，神态活泼；罗汉的传记背景被淡化，而融合了作者自身颠沛流离，云游四方的经历。[2]

十世噶玛巴的这些作品既非对世俗苦难的简单呈现，亦非对经典的教条解读，超越现实的领悟，才使它们焕发出迷人的光彩。画中描绘最多的是鸟儿的形象，人们甚至认为，那部名为《鸟中佛法》（藏文可直译为《鸟法宝鬘》）的经典就是他的作品，"在这篇迷人的文章中，佛教法理的基本原则被鸟类用简单的词语进行了解释"；这种教法上的理解，与噶玛巴生活中的践行保持着一致性，即使在异常困顿的情况下，他依然坚持着生活的情趣，对鸟和其他动物的施舍。[3]有一幅画表现罗汉手执针线缝补衣服。那些反复出现在噶玛巴笔下，与他相互观照的对象，有牡丹、菊花、樱花、棕榈树、蘑菇、灵芝、萝卜、莲藕、茄子、麻雀、鹭鸶、孔雀、白鹭、天鹅、野鸭、野鸡、公鸡、母鸡、斑鸠、黑颈鹤（仙鹤）、青蛙、老虎、猫、狗、牛、羊、鹅、龙、鹿、大鹏金翅鸟等，当然还有噶玛巴的坐骑。

---

1 杨嘉铭：《绘在最高处：噶玛噶孜画派与德格》，《佛教文化》2006年第4期。

2 卡尔·德布里斯尼著：《佛陀之法在姜地》，邓云斐译，郭净、和建华等：《藏传佛教噶玛噶举派在滇西北传播的历史研究结项报告》，杨福泉主编：《西南文化研究》，云南人民出版社，2014年。

3 卡尔·德布里斯尼著：《佛陀之法在姜地》，邓云斐译。

◀ 图 3-10
十世噶玛巴所绘罗汉图
（其中罗汉施舍动物的场景，或许来自他本人云游的经历）

　　除了噶玛噶举派以外，藏传佛教宁玛派、萨迦派、格鲁派也先后通过修寺传法等形式，与卡瓦格博建立了联系。从今天德钦县升平镇沿214国道西南行10千米左右，有一个村落，农舍分布在公路两边的缓坡上，在村子最为平坦的地方有一座庙宇，名为"觉沃南卡扎西"，汉语称"飞来寺"。因为村子位于飞来寺上方，故被称为"滚巴顶"，意为寺庙上面的村庄。这座寺庙之所以有名，是因为寺庙中供奉过佛祖释迦牟尼十二岁的庄严像，相传朝拜这尊佛像的功德，等同于朝拜拉萨大昭寺释迦牟尼像。这尊释迦牟尼像是从天而降的吉祥，所以寺庙被命名为"南卡扎西"，意思是天降吉祥。

△ 图3-11　飞来寺（章忠云　摄影）

▽ 图3-12　飞来寺主殿门厅墙上的明代壁画北方多闻天王（章忠云　摄影）

△ 图 3-13 明珠拉卡（郭净 摄影，2007 年）

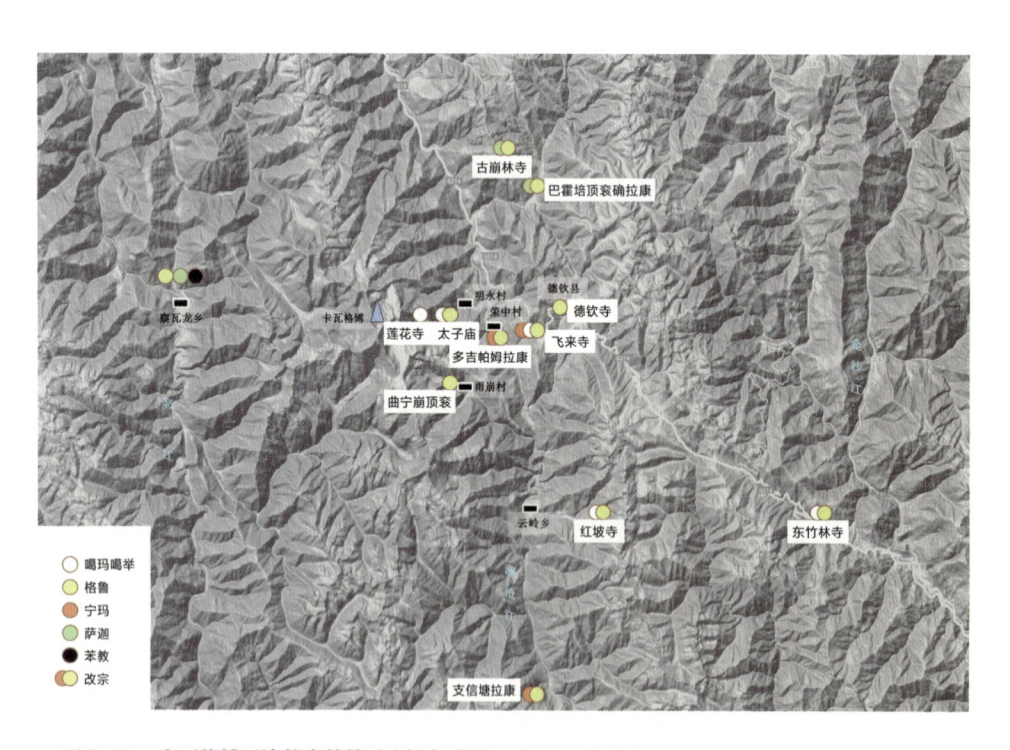

△ 图 3-14 卡瓦格博周边的宗教教派（郭净 制图，底图：天地图）

关于飞来寺建造者为何人的说法，有诸多版本，详见土登嘉央列学·丹贝坚参·北绒波所著《噶陀金刚寺志》。[1] 该寺在"文化大革命"时虽遭破坏，殿内古老的释迦牟尼佛像被毁，但主殿外墙及部分壁画得以保留。20世纪80年代后期，该寺得到逐步修葺。2000年，第十七世东宝·仲巴活佛从尼泊尔迎请了一尊新的觉沃南卡扎西佛像供奉在殿内。飞来寺大殿门厅墙壁上，还残留着四大天王的壁画。2001年，我们在此听修行的居士江楚讲，这些画像可追溯至明代，距今已有400多年历史。[2] 从它们的精美程度，可以想象当年飞来寺的辉煌景象。

飞来寺所在的山口，是卡瓦格博胜乐金刚宫殿的银盘，包括"明珠拉卡"（七姊妹星山口）和"南卡扎西"（飞来寺）两部分。"明珠拉卡"是朝拜和煨桑祭拜卡瓦格博的地方，在这里可以一睹诸神山手挽手屹立于澜沧江岸的壮丽景致，后来在此建了观景台。

---

[1] 噶陀司徒·确吉嘉措：《噶陀司徒卫藏圣地志》（藏文版），四川民族出版社，2001年，第552—556页。

[2] 王海涛编：《云南历代壁画艺术》（云南美术出版社、云南人民出版社，2002年）第252—265页有《德钦飞来寺壁画》的章节，书中有多幅清代壁画，但书中壁画与飞来寺旧壁画不尽相同，看壁画内容疑似德钦塔巴林（东竹林旧址，今东竹林尼姑寺）内旧壁画。

第四章
卡瓦格博雪山的内部空间

卡瓦格博山神皈依佛教以后，这位土著神所栖息的雪山被认定为胜乐金刚依止的宫殿"德巧确吉颇章"，成为世人眼中一种神秘抽象的存在。然而，正如青藏高原所有的山岳圣境一样，它是一个融合物质和精神、世间和出世间的综合体，或者说，它是一个多元的容器。青海果洛白玉乡的堪布扎西桑俄带领当地僧人和牧民调查年保玉则神山及周边的生态环境，运用佛学理论，将神山划分为三个空间：

    外部空间：外景

    内部空间：内象

    秘密空间：密宗[1]

这三个空间的特征可以归纳如下：

    外部空间：众生看见尘世；

    内部空间：神灵看见天国；

    秘密空间：佛陀看见寂灭。

---

[1] 年保玉则生态保护协会著：《年保玉则志》（藏文版），中国藏学出版社，2018年。

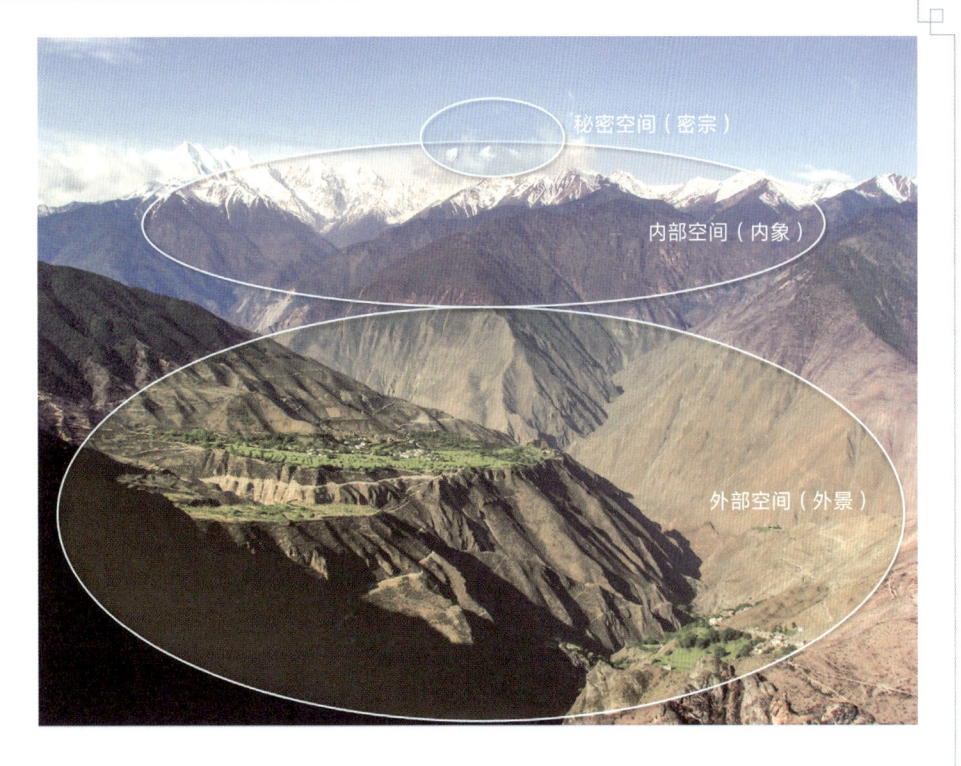

▷ 图 4-1
卡瓦格博雪山三个空间划分示意图（郭净 制图）

在藏传佛教信仰者看来，卡瓦格博雪山也包含着世俗、神圣和秘密三重空间的世界。

这些空间能否被感知，取决于观察者的视角和修为。所谓秘密空间，是密宗修行者才能感悟的世界，它出离于俗世，显现为诸佛安住的美妙坛城，卡瓦格博即为胜乐金刚在"绒地"（河谷地带）驻锡的一座冰雪坛城；内部空间为神灵的地盘，它的真实面貌只有在高僧大德眼前才会显现，游走山中的野兽，都是神灵的随从、护卫和坐骑；外部空间则是众生居住和生活的地方，可以用五官认识的世界。

德钦县境内的澜沧江两岸有两座大雪山，东岸的是白马雪山，西岸的是卡瓦格博雪山。这两座雪山，尤其是卡瓦格博覆盖的范围，被环保组织认定为全球生物多样性热点的核心区域之一。白马雪山在20世纪70至90年代经过大规模森林砍伐，又是214国道的必经之路，"神的地盘"多被侵蚀，呈现破碎化的状态；而卡瓦格博因交通不便，人工开发活动进入较晚，还大体保持着"荒野"（wildland）的状态。由于白马雪山是国家一级保护动物滇金丝猴种群的栖息地，1983年就已成为自然保护区；而卡瓦格博并未纳入自然保护区和国家公园的名录，自20世纪90年代以来，因迪庆州从木头财政转向旅游财政的政策推动，成了滇西北最热门的旅游目的地。在此背景下，环保和开发之间的博弈，在卡瓦格博地区从未中断。破解这一难题的关键，是要找到将三个空间的传统认知，与现代环境认知结合的切入点。

我们从1999年起，一直在和当地环保组织和村民合作，寻找将地方性知识运用于环境保护的途径。经过长期的调查，我们发现在德钦藏族社区，至今还保持着内外空间划分的传统。按当地人的说法，内部和外部这两个空间的划分，是人神分家的结果：从前这个世界所有的土地都是属于神的。后来，人向神请求，要借一小块地谋生，神答应了，于是分出了神的地盘和人的地盘。所谓神的地盘即内部空间，人的地盘即外部空间。这两个空间，各有其命名的规则，在两者之间，有明确的分界；由这些界限圈定的封山区，明显具有传统社区自然保护地的性质。

一、"日卦"封山线

1998年，美国大自然保护协会（TNC）与云南省政府共同发起"滇西北大河流域保护与发展行动计划"，涉及的区域包括大理州、丽江地区、怒江州、迪庆州，我们的团队负责迪庆涉藏地区文化多样性的调研。2000年6月，我们在做"卡瓦格博拟建保护区对当地社区的影响"田野调查时，第一次在明永村等村庄发现"日卦"的习俗。[1]后来我们才知道，该地区的藏族村子，均有划定"日卦"的古老习俗。"日卦"有两种意思：一是"把山关起来"；一是"封山令"，我们将其译为"封山线"。"日卦"的存在，在当地是人所共知的常识，但对于外来的研究者，却是一个令人惊喜的发现。我们顺着寻找到的线索，访问村民，收集历史资料，终于对"日卦"有了较深入的认识。

---

[1] 关于日卦的最初调查，参见郭净、郭家骥、章忠云、张志明、杨劲松：《卡瓦格博拟建保护区对当地社区的影响》未刊稿，2000年。

据雨崩村的老人讲：卡瓦格博山神来自印度，来了就定了"日卦"，噶玛巴第一代活佛又按这条线划分了神山的地域。布村的斯那都居老人也说：当地的山神就是各村庄的土地神，莲花生和历代噶玛巴指定这些土地神护卫村落平安的同时，"将这些土地神所居住的山也划为'日卦'，即封山区。并在山上埋下代表福分的宝盆，修建白塔，规定封山区之内不得砍伐树木，狩猎杀生，开土挖石"[1]。

据马建忠、韩明跃的研究，"日卦"的设立主要有三种形式：

> ①神山型日卦。面积稍大的神山，几乎都是一片天然的日卦，只是没有严格的界线。在一些村庄，神山即是全村公认的日卦。梅里地区，这类日卦共有七处。②由活佛加持的日卦。通常，活佛应当地民众的请求，根据当地风水和自然状况，确定方位地点，并用嘛呢堆或翁巴加以标记。这类日卦共有11处。③社区自发的日卦。主要通过村规民约管理。[2]

德钦县东竹林寺的巴卡活佛专门给我们讲了设立"日卦"的方法：应当地民众的请求，先由活佛前去某村察看神山的风水，何处风景好、森林好，何处容易发生滑坡和玛尼流，再认定设边界的方位。沿"日卦"线，每隔一定距离便建一个玛尼堆，或埋一个地藏宝瓶，埋好以后，念7至21天的经。从此后，"日卦"线以上的草木就不准乱动，不能砍树，不能挖石头，每年还要请活佛来念经加持。

美国大自然保护协会（TNC）藏族专家马建忠和德钦县民间环保机构卡瓦格博文化社合作，对"日卦"进行了广泛的田野调查，证实设立"日卦"的习俗至今仍普遍存在于这一地区。在《雪山之眼》[3]一书中，他们公布了德钦县各村庄30多处"日卦"的分布。

---

1 斯那都居、扎西邓珠：《圣地卡瓦格博秘籍》，云南民族出版社，2007年，第69页。
2 马建忠、白马康主、韩明跃编著：《梅里雪山生物多样性保护研究》，云南科技出版社，2011年，第118页。
3 扎西尼玛、马建忠：《雪山之眼》，云南民族出版社，2010年。

▼ 图 4-2
左：心形的圣僧山。右：白度母化身的白岩石
（章忠云 摄影）

在雨崩村调查时，村民也告诉我们该村的地域内有两条"日卦"线：一条是由村东南方的白、绿度母石为起点，往北、往西，包括村庄在内的雨崩村所有地域为禁猎区；另一条日卦包括除了村庄、农田以外，由雨崩前往神瀑朝圣路上一个名为"帕巴乃登具著"（十六尊者）的圣地由南而北，包括圣僧山"奔登日"、"容音青扎山"、"卡珠乃赛"神林、"松玛霞瓦多诗"岩石以西所有雨崩村的地方，据社长（村民小组长）安布估计约有10平方千米。

20世纪50年代之前，雨崩和明永两个村行政上由阿东土司管理，宗教上由德钦寺管辖。雨崩的这条"日卦"线，是阿东土司及德钦寺喇嘛依海拔高低、距村庄远近等标准共同划定的。用现在的话说，这条线以上为封山区，这条线以下为资源利用区。在划定界限的同时，高僧们对这条线做了诵经加持，在有些地方埋了地藏宝瓶，因此在人们的心里，"日卦"被赋予了超自然的意志和权威，通常都能得到较

好的遵守和执行。[1]1949年以前,"日卦"的管理具体交由两个村的"伙头"负责。伙头由家长会选举。家长会是全村的议事团体,由每户出一人参加,凡村中大事,诸如村规民约的讨论和制定,对违反规定者的处罚,以及宗教活动的举办等,都由家长会议商定,然后交由伙头组织实施。阿东土司和德钦寺喇嘛每年都要到村中巡视一次,一旦发现有违反规定者,就将受到重罚。那时,雨崩村和云南涉藏地区的大多数村庄一样,有一套基于神山信仰形成的社区管理机制。在雨崩,"日卦"是社区资源管理的准绳,村里据此制定了相关的村规民约。

"日卦"的存在既为信仰需要,也为民众的生活需求,安布讲,他爷爷告诉他过去的规定大致内容是:雨崩的山林、牧场、水源都归本村所有,凡外村人到本村牛场上放牛,要交粮食和银币做补偿费;外村人到本村山上打猎,猎狗、猎具均要没收,还要罚打;在本村"日卦"线之上,禁止任何人打猎、砍树、采药材,如有违反,第一次罚款,第二次罚打……可见,日卦也是社区森林资源地的标识。划定为日卦的地区,是雨崩村主要的牧场,也是林副产品(松茸、树叶等)的主要来源地,按村里规定,禁砍主要神山的树林,山上的一草一木也不可动。其他的神山可以砍一些薪柴和建房用的木材,但不可乱砍滥伐,而且,山上的木材不允许出售到外地,否则罚款;任何人不得擅自领外地人进本村山林狩猎,违者罚款;无论是外地人和本村人,都不得在本村森林封山区打猎、下扣子、放狗,违者没收全部东西并罚款;任何人均不准在禁区内猎杀马鹿,打死一头马鹿要罚款3000元,没有现金就用家中的牲畜相抵。该村还禁止外人采集标本,发现一律没收,还处以100元以上罚款。前些年,云南某高校的师生去雨崩采集植物标本,就曾遭到村民的干涉。

为了感激山神的恩赐和减少对神山资源利用的罪孽,在每年的六月十五和七月十五,全体村民都要上山烧香念经,对牲畜吃草、人砍树木等行为,向神山表示歉意和感谢。

---

[1] 此资料来源于德钦东竹林寺的巴卡活佛介绍。

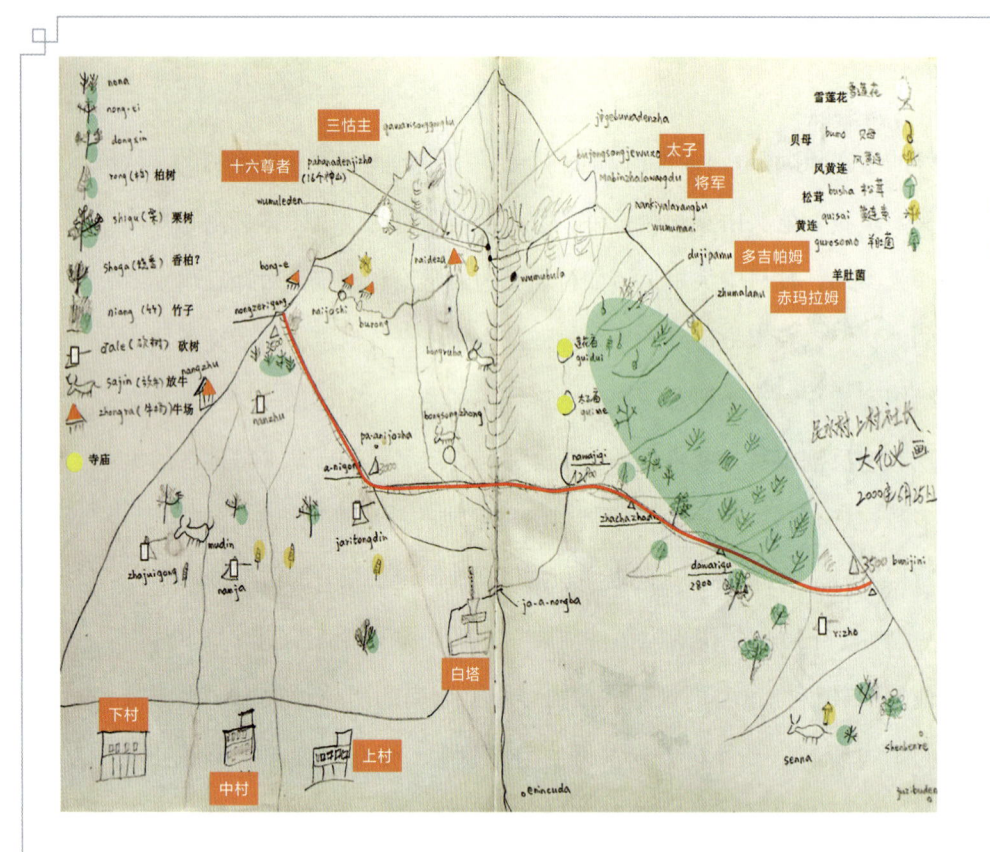

◁ 图 4-3
明永村神山、日卦和资源地图（大扎西画）

在我们调查的时候，明永村原村主任大扎西画了图，该村的神山、"日卦"和资源分布状况一目了然。它形象地说明了当地藏民对内外空间是如何认识和管理的：

> 该村的封山线从海拔 3500 米的"农则日贡"起（和永宗村的边界），经 3000 米的"阿尼贡"、2800 米的"那瓦吉给"和"达瓦日古"，到 3500 米的"布尼吉尼"（和斯农村的边界）；村庄、田地和五个薪柴的砍伐点都在"日卦"以下；"日卦"以上的内部空间，主要的山峰都用神灵的名字命名，那里是神山、冰川和森林的世界，不能随意砍伐树木和打猎；但内部空间里，也允许有限的生产活动，如"日卦"线以上的区域，有四个夏季和秋季牛场，两个临时的放牧点和三个雪莲、贝母的采集地。

虽然没有古代的记载，但以封山线的形式来标明世俗（外部）和神圣（内部）空间的边界，应当是当地自古流传下来的习俗。经过文献查阅，我们在黄举安于1948年撰写的《云南德钦设置局社会调查报告》找到了最早的汉文记载：

> 山中所产的药材如虫草、贝母、麝香、狐皮、猞猁皮、豹皮、鹿茸、熊胆等珍贵山货，但因宗教上的封建思想所蒙蔽，大多山林为喇嘛、土司或有权势之人士所封闭，名之曰"封山"，禁止打猎或砍伐，此与民生影响不无关系。

这段记载印证了我们的调查结果：古往今来，这一地区村庄之间借封山线的划定，维系了一个资源分配和管理的体系。无论作为分隔世俗与神圣空间的边界，还是划分社区资源范围的界限，封山线历来都具有禁忌的性质。当地人相信：只要打破这个禁忌，必然会带来灾祸和争端。而这些禁忌的存在，不断强化着当地人的认识，影响着他们过去和现在的行为。

20世纪50至70年代，随着社会的剧烈变革，日卦制度逐渐失效，直到20世纪80年代情况才得到改变。

20世纪70年代以后，基于"日卦"的社区资源管理体制逐渐恢复，它保证了当地社区的长期利益，相关禁忌的遵守有了依据，村民对于自然圣境的认同也得以巩固。20世纪90年代中日联合登山队在当地受到阻挠，正是因为有人触犯了"日卦"以上的圣境，才导致村民的强烈反对。中日联合登山队设立大本营的笑农牛场，就是雨崩村的圣地之一。村民们抱怨，登山的人刚走，那里就会发生大风、泥石流、雪崩，上千棵大树被吹倒，整个山谷仅剩下一根经幡。他们认为在原始森林遮天蔽日的地方出现这种灾害，是因登山惹怒了卡瓦格博而降灾给雨崩村。

当地村民遭受狼灾，却不敢打狼，这也和封山线有关。根据传统的习俗，在"日卦"线以上是不准打猎的。雨崩村的老人就说：鹿、熊等动物是卡瓦格博的牲口，如果杀了，当地的人畜会生病，庄稼长不好，会起暴雨暴风，牛马养不成。"文化大革命"中曾取消了"日

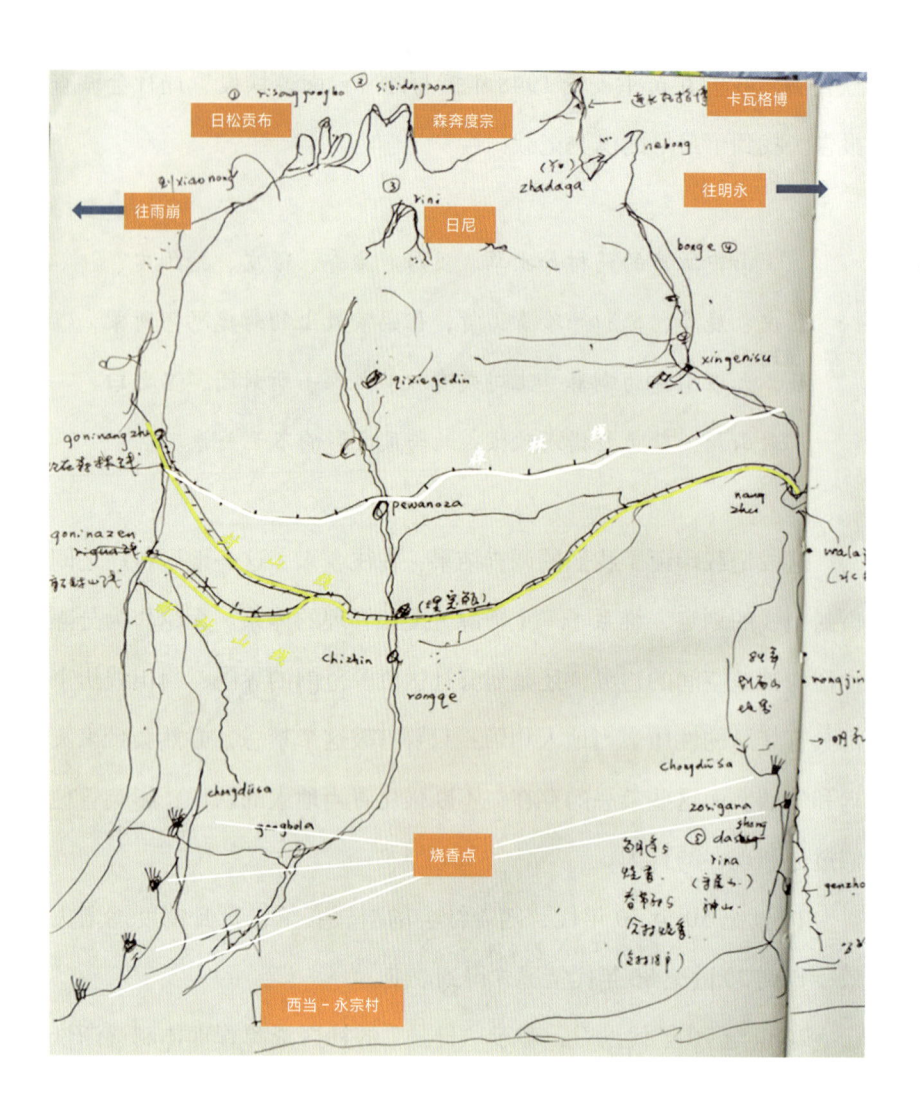

◁ 图 4-4
西当—永宗村村民画的日卦和森林线

卦"线的禁忌,一度出现有人上山下扣子、打动物的现象,结果村里病人多,死人也多。"文化大革命"以后,大喇嘛重新来定了这条线,规定白石头黑石头以上不准打猎、不准下扣子,为此,村里还组织人杀了 17 条猎狗。在封山区内的动物,都被视为卡瓦格博的牲口。谁跨过分界线去打动物,就会得罪山神,自然会遭到报应。

因封山线具有神圣与世俗的双重特性,在当代生态保护观念普及的语境下,它逐渐从一种历史的遗存,转变成寺院和社区参与环保行动的重要手段。卡瓦格博文化社的朋友发现,云岭乡红坡寺的扎巴活佛近些年就特别热衷于为各村设立"日卦",扎西尼玛在调查笔记中写道:

我曾经目睹扎巴活佛在红坡寺附近山林的日卦仪式。那是一片面积约4平方千米的林地，由于在六七十年代大肆进行开荒种地，地表被剥了一层皮。因为土质疏松，一下暴雨，就发生滑坡。村民请求活佛把这片山林封起来。活佛察看地形后，画出日卦界线，分别在四至界限和主要地理标志上埋下装有25种药、5种绸缎、5种金银宝石、5种粮食的地藏宝瓶，然后念经加持。日卦设立后，就不得在其范围内砍伐树木，挖土取石，不得捕猎，不得开田种地。每年还要请活佛来加持。[1]

也由于同样的原因，被赋予环保色彩的宗教活动，也获得了合法的地位。2003年，我们曾在卡瓦格博雪山外转入口处的羊咱桥附近山口，拍摄过活佛举行仪式，为村民设立封山的白塔。在人山人海的活动的现场，我们深切感受到，随着地方性知识和环保意识逐渐融合，"日卦"已经转化成一个与时俱进的新传统。

二、山神家族

"日卦"这样一个在当地人所皆知的常识，为我们揭示了卡瓦格博雪山神秘地理的整体性和复杂性。对于当地人来说，所谓圣地并不是一个抽象的概念，它有明确的四至范围。我们在调查中发现一个有趣的现象：由"日卦"所分隔的"外部"和"内部"两个空间，其命名规则是不一样的，前者绝大多数是世俗的，后者几乎都是神圣的；外部空间是社区居民以及他们拥有的土地和房屋，这是一个可以在集体管理的框架内有序开发和创造的人工世界；内部空间则为神灵占据，其中的山石草木、飞禽走兽都受到神的护佑，除非经过仪式性的祈求，得到神的许可，不得随意侵犯。

---

[1] 扎西尼玛、马建忠：《雪山之眼》，云南民族出版社，2010年，第134页。

卡瓦格博雪山并不是一个孤立的神山,在它的覆盖范围内,还有诸多神山归他管辖。据马建忠和扎西尼玛统计,该区域的大小神山多达200余座,他们构成一个以卡瓦格博为主神的山神体系。换言之,卡瓦格博既是以这座雪山为栖息地的主神的名称,也是一群山神的统称。

在当地藏族的眼中,这些神灵以及眷属、护法、兵马等,是环绕在卡瓦格博雪峰周围的众多山峦、河流、湖泊、树木的主人,他们构成了以卡瓦格博山神为主神的一个山神王国,王国里有国王、王妃、王子、公主、护法、将军、战神,等等,并与迪庆及藏地的许多山神结成更庞大的联盟,以护持蕃域的圣境。按照英加布的分类,藏地的山神依其信众的不同和影响范围的大小,可分为最高一级的区域共同体山神"集拉",为全藏共同信仰;次一级的地域山神"杰喀",为某一地域民众共同信仰;第三级的部落联合体山神"雪喀",为某一部落群体所信仰;部落山神"措哇",为一个部落所信仰;村落山神"第巴",为一个村庄所信仰;父系亲族山神"帕奥",为一个父系亲族所信仰。[1] 在以定居农业为主,兼行牧业的卡瓦格博地区,山神的等级与上述分类略有差异,主要有四种类型:区域共同体山神、地域山神(几个村庄共同信仰)、村落山神(一个村庄信仰)、家庭—家族山神。

(一)区域共同体山神

镇守滇西北的卡瓦格博山神在吐蕃时代,就被授予"格年"(居士)的名号,成为蕃域"杰喀"(区域共同体)级别的山神。在他的眷属和随从当中,有四位与其关系最为紧密,因而同样受到怒江、澜沧江和金沙江部分地区藏族的崇拜,他们是神女峰缅茨姆、五佛冠峰杰瓦仁阿,王子布琼桑杰旺秋、降魔战神玛奔扎堆旺秋。

△ 图4-5
德钦县城居民家中供奉的卡瓦格博画像(郭净 摄影)

---

[1] 英加布:《域拉奚达与隆雪措哇》,兰州大学博士学位论文,2013年,第105页。

主神卡瓦格博山神被当地藏族尊称为"阿尼卡瓦格博"或"念青卡瓦格博"。在民间传说、史料记载和诸多壁画及塑像中，卡瓦格博山神成为佛教护法后，是一位头戴大宝长寿冠，一面双臂，身着金质铠甲，面容俊朗，肤色白净，身材魁伟，右手握白缎彩箭，左手持如意至宝，骑白马腾云驾雾的英俊将军，栖息在藏传佛教密宗本尊胜乐金刚的刹土——胜乐宫殿所在地，为佛教信众所膜拜。

卡瓦格博雪山作为众山之王，率领着诸多随从和兵将，其中有他的眷属、战将、护法以及灵兽等。他的第一位眷属是缅茨姆，她身着素白绸裙，手握白缨长矛，骑着绿色牝鹿[1]，卡瓦格博主峰左侧那座金字塔形的山峰，就是她的驻锡地。

五佛冠峰杰瓦仁阿位于卡瓦格博雪山的左边，山形似喇嘛头戴的五佛冠，相传是卡瓦格博的主尊五方佛，包括以大日如来为首的不动如来、宝生如来、无量光如来、不空成就如来等五佛依止处。

紧挨主峰右边的山头是布琼桑杰旺秋，人们认为他是卡瓦格博山神的小儿子诸龙太子，又称"大威正觉太子"。

玛奔扎堆旺秋位于卡瓦格博和布琼桑杰旺秋的右侧，是卡瓦格博山神麾下的降魔将军，当地人说，他与达雪日纳组成守卫圣地北门的两员战将，达雪日纳为内卫首领，扎堆旺秋为外卫首领。

卡瓦格博山神与藏地的其他山神广泛结盟，三世噶玛巴让炯多吉在《圣地卡瓦格博焚烟祭文·祈降悉地雨》中，这样描述卡瓦格博雪山的亲族关系：

> 另外焚烟供祭有：
> 香祭总山岗底斯，
> 父舅玛年奔热山，
> 母舅上座唐拉山（唐拉耶秀），
> 自舅杂日杂贡，

---

[1] 仁钦多吉、祁继先编：《雪山圣地卡瓦格博》，云南民族出版社，1999年，第3页。

△ 图 4-6 缅茨姆峰（左边）和五佛冠峰（右边）（章忠云 摄影）

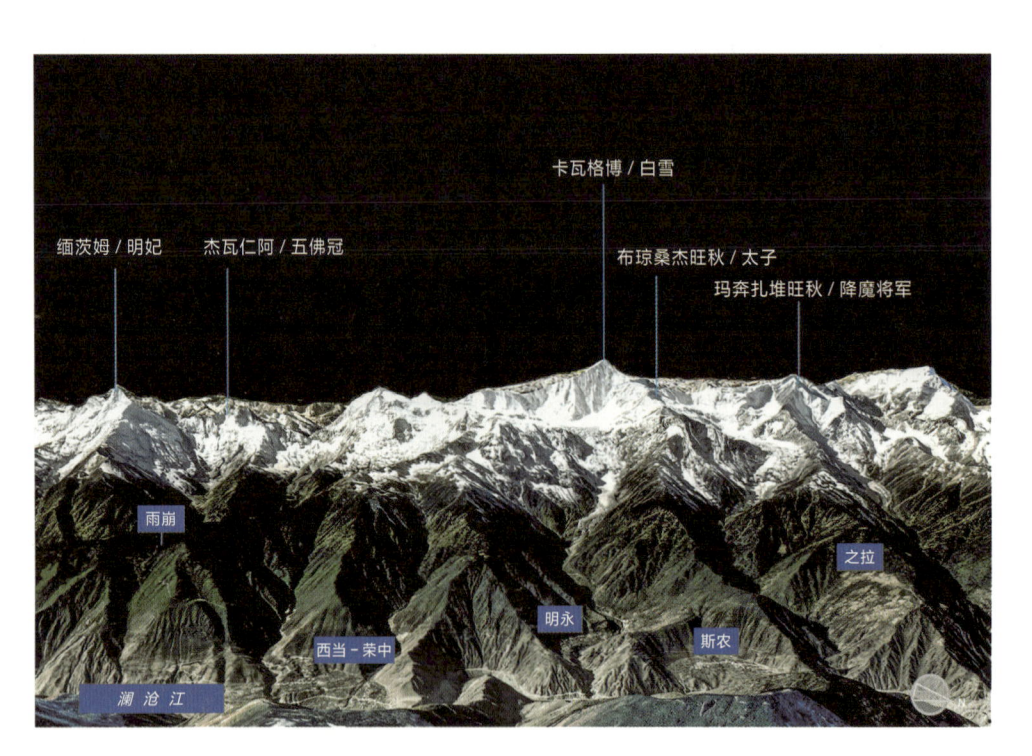

卡瓦格博雪山

卡瓦格博/白雪
缅茨姆/明妃　杰瓦仁阿/五佛冠　布琼桑杰旺秋/太子
玛奔扎堆旺秋/降魔将军

雨崩
西当-荣中　明永　斯农　之拉
澜沧江

△ 图 4-7 卡瓦格博的五位杰咯山神
（郭净、章忠云、扎西尼玛 制图）

082

▷ 图 4-8
卡瓦格博山神的亲属关系
（郭净 制图）

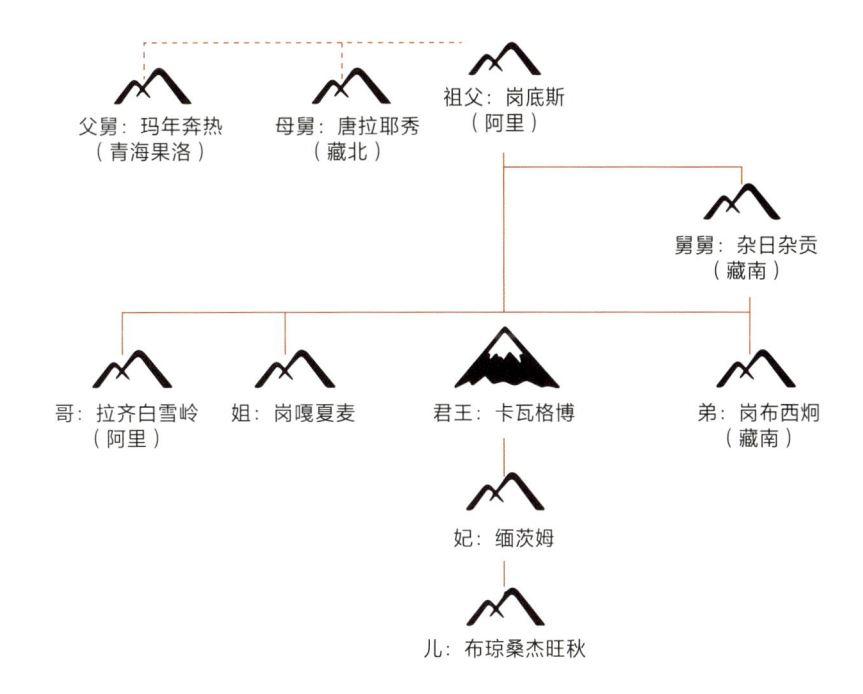

```
父舅：玛年奔热        母舅：唐拉耶秀        祖父：岗底斯
（青海果洛）          （藏北）              （阿里）
                                            │
                                            │
                                     舅舅：杂日杂贡
                                     （藏南）

哥：拉齐白雪岭   姐：岗嘎夏麦   君王：卡瓦格博   弟：岗布西炯
（阿里）                                       （藏南）
                              妃：缅茨姆
                              儿：布琼桑杰旺秋
```

兄长拉齐白雪岭，

幼弟岗布清凉域（岗布西炯），

小姐岗嘎夏麦山，

…………[1]

这段祈祷文，揭示了卡瓦格博山神与藏地诸山神的亲缘关系，他最亲近的是位于今西藏阿里地区普兰县境内的冈底斯山神家族，其祖父便是冈仁波齐；他父舅是位于今青海省果洛藏族自治州境内的玛年奔热山，也称为阿尼玛卿山；他的母舅是位于今西藏的唐拉耶秀（念青唐古拉）；他的自舅是位于藏南的杂日山；哥哥是今西藏定日境内的拉齐雪山；弟弟是位于山南地区加查县境内的达拉岗布山，那里有距今800多年历史的塔布噶举派祖寺达拉岗布寺；小姐姐是岗嘎夏麦山。因缺乏相关的记载，我们无法呈现藏文化中这个大家族的全貌，

---

[1] 仁钦多吉：《雪山圣地卡瓦格博》，云南民族出版社，1999年，第120页。在莲花生大师的《消除障道祈请文》中说在"尼泊尔的卡瓦山上，收服了岗嘎夏麦神"的记载，如果是这座岗嘎夏麦神山，那小姐姐或许位于尼泊尔境内。

但卡瓦格博山神与西藏和青海山神之间借血缘和姻缘纽带结成的联盟，却是十分清晰的。

（二）地域山神

所谓地域山神，即多个村庄信仰的对象，云南德钦县卡瓦格博文化社和大自然保护协会经过两年的联合调查，共确认了该区域内23处地域山神。[1]而我们在调查中发现得更多一些。他们是卡瓦格博神灵体系的重要组成部分，各有其身份和职责，有的是管理某片区域的神灵，有的是管理财库的神灵，有的是护法，有的是管理湖泊泉水的神灵，有的是勇识空行勇士，有的为菩萨所化现，有的则因佛教圣者修行而成为殊胜之地……

现举数例如下：

缅茨姆峰南侧，有一座向下延伸至澜沧江岸的山峦，名叫"多杰扎"，其范围大致包括云岭乡雨崩、农松牧场、八里达等村庄。村民们认为，多杰扎是卡瓦格博的近侍，为鬼神八部眷众中的土地神（土主），属于赞神一类，又被称为"格尼多杰扎赞"。该神山受到雨崩、西当、永宗、红坡、果念等众多自然村和行政村村民的信仰。

德钦县斯农村背后，位于玛奔扎堆旺秋雪峰前面的一座黑色大山，当地人称之为"玛奔耶日那布"。[2]据说那是个骑黑犏牛的将军，他掌管着卡瓦格博的财富宝库。他乘骑的那头黑牦牛原本是一头像狮子的怪兽，经常出没在当地，它有变幻身形的法术，作恶多端。卡瓦格博派将军前去收复它，在与将军大战的过程中，这怪物突然变成一头形似犏牛的猛兽，与将军缠斗，将军奋力跃上它的脊背，双手死抓牛角，让其无法动弹，怪兽无奈，只能甘拜下风，成为将军的坐骑，与他一道镇守卡瓦格博的财库。

---

[1] 详见扎西尼玛、马建忠：《雪山之眼》中的神山名录。

[2] 噶玛·让炯多吉称其为"昂林亚日青波"，意为"雄壮威武牦牛山"。见仁钦多吉、祁继先：《雪山圣地卡瓦格博》，云南民族出版社，1999年，第4页。

德钦县城升平镇北面，有一座名叫"日尼登松钦波"的神山，被认为是卡瓦格博胜乐宫殿的大护法神，受到德钦县升平镇所属众多村社的供奉。

在明永村和永宗村后，卡瓦格博主峰的左侧，有数座大大小小的山峦，统称"帕巴乃顶吉卓"，相传是栖居在卡瓦格博胜乐金刚刹土中的殊胜之地——东方诸天无量宫内，受释迦牟尼之命主持佛教事务的十六尊者，当众神在卡瓦格博聚会的期间会驻锡于此。这处圣地不仅受到德钦县云岭乡众多村社的信仰，而且受众多朝圣香客的供奉。

另外，在卡瓦格博雪山周围的四个方向，还有四座拱卫圣境的战神，它们是：东方战神扎拉琼钦，南方战神扎拉玛雅钦，西方战神扎拉森钦，北方战神扎拉珠钦。这四位战神法力巨大，不仅可以抵御兵灾战火，而且可以消除疾病瘟疫，让卡瓦格博圣地吉祥安泰。东方战神扎拉琼钦（鹏鸟战神）位于云南省德钦县东边的云岭山脉中段，因其坐骑为大鹏鸟而得名；南方战神扎拉玛雅钦（孔雀战神）是位于云南省德钦县永芝村的神山日尼玛雅（又称玛雅日宗，以碧罗雪山为起点），因其坐骑为孔雀而得名[1]；西方战神扎拉森钦（狮子战神）是位于卡瓦格博山脉背后，缅姆峰西面西藏境内怒江边的卢阿森拉神山，因其坐骑为一头雪白的雄狮而得名；北方战神扎拉珠钦（青龙战神）位于西藏芒康县曲孜卡乡境内怒山山脉主山脊上，与西藏盐井的达美龙神山相连，因骑着青龙而得名。从这四位战神所在的地理位置看，几乎包括了卡瓦格博区域所有圣地和朝圣路线，因此他们是守护卡瓦格博圣地东西南北四方的总卫士。

在这四方战神中，东方战神扎拉琼钦（又称为白茫雪山、白马雪山）更为人们所熟知。214滇藏公路由南向北翻越的第一个高海拔垭口就是白茫雪山垭口，海拔4292米，垭口旁的U形山谷风景如画，雪峰、森林、草场、山涧相映成趣，有滇金丝猴、虫草等珍稀动植

---

[1] 按藏族的信仰，南方是虎。但这座山因地方习俗，改成了孔雀。

龙

狮　　卡瓦格博　　鹏

虎　孔雀

▲ 图 4-9　卡瓦格博的四方护卫

▲ 图 4-10　2003 年时的白马雪山（章忠云 摄影）

物，是国家级自然保护区，因此享有盛名。扎拉琼钦雪峰是白茫雪山的主峰，海拔5460米。

在白茫雪山垭口看到的扎拉琼钦是雪山的东麓，其西麓位于澜沧江边的红坡村。分布在扎拉琼钦周围许多村落，都把它当作自己的神山。

其他的地域山神还有位于明永村和荣中村的"日松贡布"，是三怙主菩萨观音、文殊、金刚手所化现；位于雨崩村和西当村的"巴吾巴莫"雪峰，被认为是发誓守护佛教的勇识空行十万部，也被看作当地护持佛教的英雄儿女。他们都被德钦澜沧江沿岸的众多村社所供奉。

（三）村落山神

德钦的藏族村庄大多一村供奉多座神山，其中大多数山神的信众仅限于本村，但其中也有少数山神跨越自然村的地域，成为几个村庄的信仰对象。这类山神有100多位，他们大多是"古时候"村里的土地神、水神、路神、域神、树神，承担着护持所在地域的责任，后归附到卡瓦格博麾下。现以该地区的两个村为案例，来看看这些山神的样貌。在谈论的时候，我们把位于该村的地域山神也包括在内。

1. 明永村的山神

明永自然村位于卡瓦格博雪山东面的明永冰川脚下，行政上隶属于云南省德钦县云岭乡斯农行政村，分为两个村民小组，2020年有320多人，51户人家。[1]该村与冰川相伴，就像镶嵌在卡瓦格博胸前的一轮护心宝镜，因而被称为"明永"，意思是明亮宝镜。

通过实地调查，我们发现明永村供奉的山神主要栖息在12处圣地[2]，它们是：

---

[1] 2021年3月明永村动态统计数据。
[2] 此处用"处"来表示山神所栖息的场所，因为有的神山是一座山，有的是山峦上的一块岩石，有的是一组山代表一个神山、有的是一座山有几位神灵。

主峰，这里是主神卡瓦格博的依止处；

甲瓦日松贡布，是主峰左侧三个连绵的山头，象征"三怙主"观音、文殊和金刚手菩萨；

帕巴乃顶吉卓，是主峰右侧甲瓦日松贡布下方一片山岩，为十六尊者会聚之地；

巴乌巴姆，这里是男女勇士的寄居地；

衮波布那，是位于主峰下方冰川源头一块裸露的黑色岩石，体积虽小，但非常显眼，他被视为卡瓦格博最凶猛的护法神；

赤玛拉姆，是明永冰川北边莲花寺上方的一陡峭岩峰，为愤怒佛母的栖息地，当地人把她描述成一个女性神灵，说她是环绕卡瓦格博众多山神的母亲，因此又称其为"玛吉赤玛拉姆"，意思是母亲赤玛拉姆，她以护法神的身份出现在卡瓦格博山神群当中。

多吉帕姆，在神山布琼桑杰旺秋左边怀抱中，有座名为莲花寺的噶举派寺庙，在寺庙的西面有座名叫多杰帕姆的山峦，也是明永村单独供奉的神山。当地的传说讲，卡瓦格博山神是胜乐金刚的化身，多杰帕姆是胜乐金刚的佛母，她代表空乐无二之金刚，是摧灭如豕亥愚痴暗冥之母，汉语也称"金刚亥母"。

坡阿尼贡，是明永村背靠着的山峦，意思是"爷爷山"，也是明永村单独供奉的神山。村民认为这座山峦是卡瓦格博牧养灵鹿的地方，曾有许多村民见到过戴着金鼻环的马鹿和戴着金耳环的羚羊、岩羊游走在山林中。

森贝日（明亮山），位于明永村西北，在明永河北岸，与村子隔着甲央藏巴桥相望。森本日神山形似一头侧卧的大象，山上森林茂密，有桃树、栎树、松树、柳树和少许柏树。村民说，这座山是卡瓦格博山神的牧场，它南边的明永村和其北边的斯农村是驮在这座大象山上的驮子。森本日尽管是明永村的神山，有多处圣迹圣水，但与村民的生产生活联系颇为紧密，其林下资源和林木可供村民适度利用，比如村民家中的牛羊如果不去高山牧场，就放养在森本日的林间草地。按村里的习惯，每年11月份是全村砍伐薪柴的时节，那时村

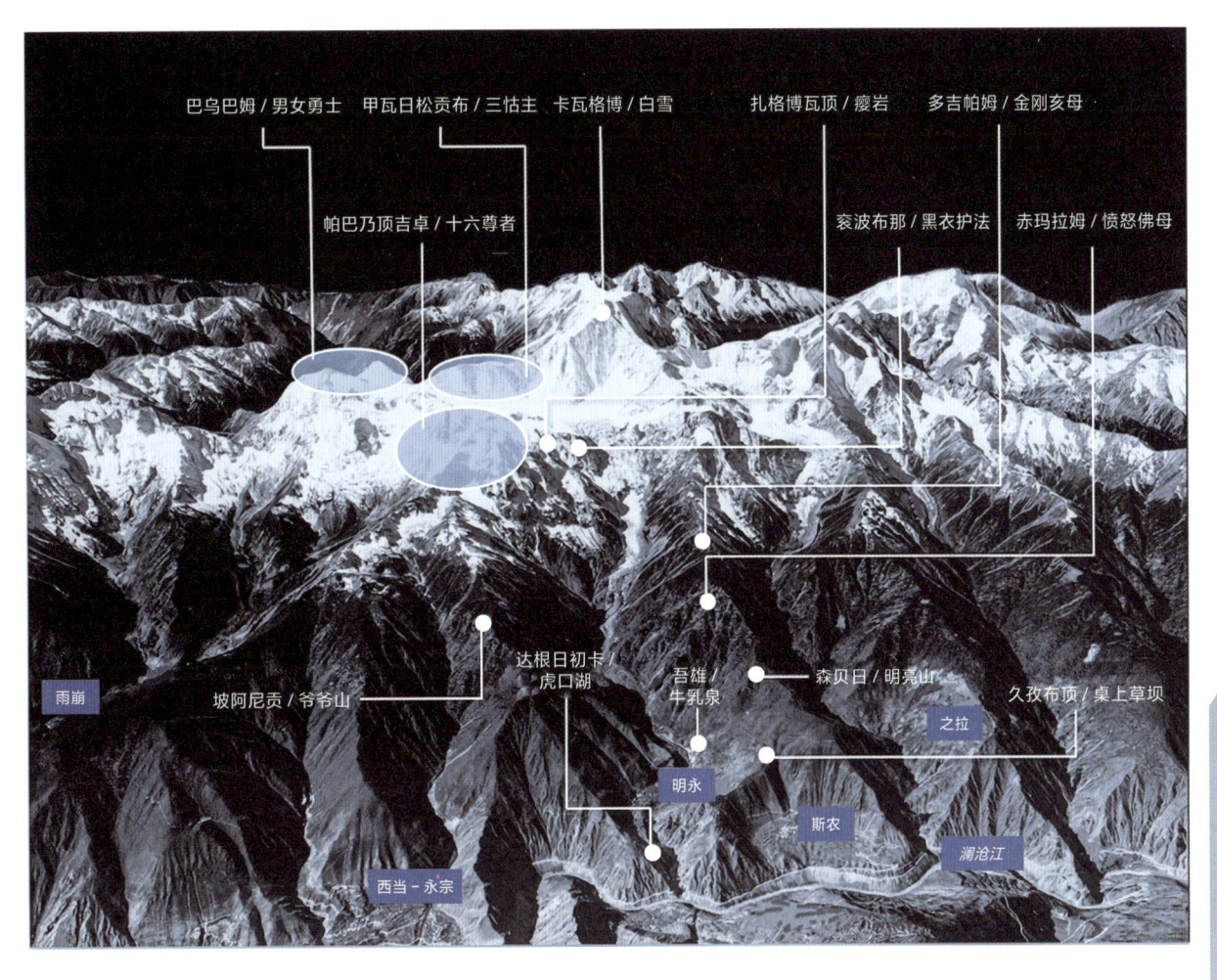

▲ 图4-11 明永村主要神山（郭净、章忠云、扎西尼玛 制图）

民在森贝日神山划定的区域内砍伐各家下一年所需的薪柴。每年4月份到9月底，村民到山上采摘羊肚菌、松茸菌等出售，这成为他们重要的经济来源。每年冬季，村民还可以到森贝日采集铺垫畜圈的栎树叶。这些利用森本日神山资源的行为，一直遵循村规民约，所以神山的景观没有遭到破坏。

久孜布顶，是明永村北面与森贝日相连的一条山梁中部较平缓的草坡，意为"桌子草坝"，为明永村与斯农村山林地界的分水岭和村界。当地人讲，从久孜布顶往北到斯农村的曲亚贡有2000米左右，几乎覆盖了斯农村后的大小山峦，那里是山神卡瓦格博的餐桌，久孜布顶是餐桌的最南端。从久孜布顶往北到曲亚贡，有石头垒成的大大小小上百座煨桑台，属于不同的村组。每天早上，各村村民在属于自己的煨桑台煨桑，向卡瓦格博众神献上烟之供养。煨桑所用的香柏，是被誉为山神卡瓦格博四种宝树之一的香柏。[1]山神久孜布顶主要负责餐桌南端的管理。

达根日初卡，位于久孜山梁南侧，明永河下游河畔，是一片树木繁茂的林地，被称为达更日，即老虎山，林地中有一眼山泉，被称为达根日初卡，意为老虎湖边，这也是明永村供奉的山神。村民说，老虎山神守护着这片长满百种草木药材，草木的药效全都从泉眼中流出，因此这眼泉水能医治百病。

吾雄，海拔2311米，位于明永河边，村西北马场上方，旁边有一个泉眼，据说能治百病。这座神山扼守通往冰川和太子庙的要道。

上述这12处山神栖息地，因其信仰的范围不同，分为三种类型：

第一类，区域共同体神山卡瓦格博；

第二类，地域神山巴乌巴姆、衮波布那（锶岗）、甲瓦日松贡布、帕巴乃顶吉卓；

第三类，村落神山赤玛拉姆、森贝日、坡阿尼贡、久孜布顶、多吉帕姆、达根日初卡、吾雄。

这12处神山中的卡瓦格博、巴乌巴姆、衮波布那、甲瓦日松贡布、帕巴乃顶吉卓等，属于区域共同体神山和地域神山；其余的六处，是明永村单独供奉的神山。

明永人供奉这些山神，最重要的就是祭祀。除各家各户自己每天煨桑所做的供养外，不同居民点乃至全村都有不同的煨桑地。在今天明永冰川景区门禁系统左侧，有处名叫"玛央塘"（长茜草的坝子）的平地，过去有三户人家居住。后来那三家人搬到村子中部，但还是来这里向山神煨桑。"玛央塘"往上有个缓坡，缓坡后面是条名为"达松贡"（马背山）的山梁，那里是明永上村14户人家每天煨桑的地方。"达松贡"后面的山"达莫贡卡"（虎背山口）则是明永全村每年过农历春节时，烧香敬奉卡瓦格博众山神之处。

---

1 被奉为卡瓦格博的四种宝树分别为生长在东边的白色象牙树、生长在南部的黄色瞿麦（龙杆菜）、生长在西边的红檀香树、生长在北部的香柏树。

△ 图 4-12　明永村上太子庙小路上悬挂的经幡（郭净 摄影）

△ 图 4-13　太子庙附近的嘛呢堆（郭净 摄影）

△ 图 4-14
协乐崩锥形石，被信众涂成了白色（章忠云 摄影）

明永村每年有两次祭祀山神的重要仪典，这期间，村民要在滚缅庙举行供祭卡瓦格博的法会：藏历四月初十到十七的仪式称为"移巴确青"，意思是四月大法会；藏历七月初五到十五称为"敦巴扎确措"，意为七月会供。届时，不仅明永的村民们会到滚缅寺参加念经活动，邻近的斯农、布村、支拉、永宗、西当等村的村民也会前往参加。另外，每年农历正月初五，明永村的全体男人还要到滚缅寺向众山神拜年。

2. 雨崩村的山神

雨崩村位于卡瓦格博雪峰西南方深山峡谷中，这里是卡瓦格博地域的腹心地带，今天已成为远近闻名的旅游和朝圣地。雨崩行政上是德钦县云岭乡西当行政村的一个自然村，分为两个村民小组（上村和下村），2020年有49户人家，179人。[1]在德钦藏话里，"雨"是绿松石的意思，"崩"是堆积的意思。另一种说法认为，雨崩村的含义是"掘出伏藏经卷的地方"，"雨"在藏语中为"经卷"的意思，"崩"即藏语"出现"之意，雨崩的藏文意为"经卷堆积处"。

我们在实地考察中得知，雨崩供奉的主要神山有25处。

其中3处是区域共同体神山：卡瓦格博、缅茨姆、杰瓦仁阿。

7处是地域神山：多吉扎琼、多吉扎钦，是卡瓦格博的两位近侍，大的叫大金刚峰（多吉扎钦），小的叫小金刚峰（多吉扎琼）。

位于缅茨姆雪峰南侧的囊松说根与孜拉年波，传说是守卫卡瓦格博圣地内宫南方的两位将军，前者是非常富有的内卫首领。后者与外卫首领蒙拉日纳一道守护卡瓦格博内宫南部区域，可当地人并不知道蒙拉日纳的具体位置。

雨崩村人供奉的帕巴乃顶吉著，藏语名称与明永村的地域山神帕巴乃顶吉卓（十六尊者）一样，但并不是同一处神山。雨崩的帕巴乃顶吉著位于缅茨姆峰向东延伸的山峦中，从雨崩下村前往神瀑的山路与乃农河河岸相连的地方。在那里的河边，现在可以看到许多鹅卵石搭成的小石屋，对岸苍翠的山峦上有个黑乎乎的山洞，这座山被认为是十六尊者的化身，据说许多高僧在那个山洞里修得正果。河岸边的小石屋是来此朝圣的香客搭的，他们希望来世也能投生到有十六尊者的地方。

地域山神契岗与明永人所说的衮波布那是同一座山，但不是一个神。雨崩人讲，他是卡瓦格博的看门狗，随时巡视在胜乐宫殿大门前；无论雪下得多大，都无法覆盖其身体，所以他终年都是黑森森的，没有一点积雪。

其余15处是雨崩村的社区神山，其中较重要的有：

归玛崩登，位于雨崩村南部，与多吉扎琼在同一条山峦上，是山峦中部梁子突起的一块岩石，为雨崩村与扎郎村山林的分界点，归

---

[1] 2020年云岭乡政府统计数据。

玛崩顶以北的山林属雨崩村，以南属扎郎村。他同时也是扎郎村的山神，在扎郎称其为扎格沙木。当地人说，这处神山居住着8位山神，他们是一位灵鹫化现的山神和他的7个儿子。做图考时我们发现，这8位山神以突起的一个巨岩为中心，周围围绕着7个小石岩。

扎江普，位于雨崩村南部，在囊松说根与缅茨姆雪峰延伸下来的山梁北侧的阴坡，由一片杂乱的岩石组成，下方有终年不化的扎江普冰川。

纳宗拉/纳争拉，是座跨度较大的山峦，山体向东的那面有一部分属于西当村；这座山峦从海拔2000米左右的永宗—西当村往上，到2700米左右长有第一棵冷杉树的地方，为雨崩村地界。因这分界点的树木主要是冷杉和栎树，被当地人称为"纳苍""白苍"，即冷杉和栎树交界处。从西当村徒步向西翻越纳宗拉，到达垭口大约需要5个小时。到达垭口，可以看到高大的冷杉树上挂满经幡，树下堆满玛尼堆。这里是雨崩村民和香客进出雨崩时向各路山神祈祷煨桑的地方。当地传说，纳宗拉的意思是森林城堡，也有人说是"长满树木的美丽山林"，这里因其独特的风景而成为向雨崩众山神祈祷的神圣之地。

奔德日（圣僧山），是雨崩上下两村间一座心形的翠绿色神山。村民告诉我们，这座绿树成荫的山上居住着几百个凡人看不到的得道高僧，山是他们的静室，无人敢动山上的一棵草木，唯恐打扰了高僧的静修而造下罪孽。这座神山几乎没有人进去过，也无人敢去。相传很久以前，雨崩村有个村民到这山上挖贝母，第一天满载而归。第二天他又去，在山上遇到了一位鹤发童颜的僧人，告诫他不要挖他们的房顶，说完便消失在山林中。那村民又惊又怕，回去不久便抑郁而终。人们相信那位鹤发童颜的僧人是这座山的山神，因此称此山为圣僧山，对它顶礼有加。第三世噶玛巴噶玛在《圣地卡瓦格博焚烟祭文祈降悉地雨》中，称此山为"拔归奔德色瓦"，意思是除治神"山藤

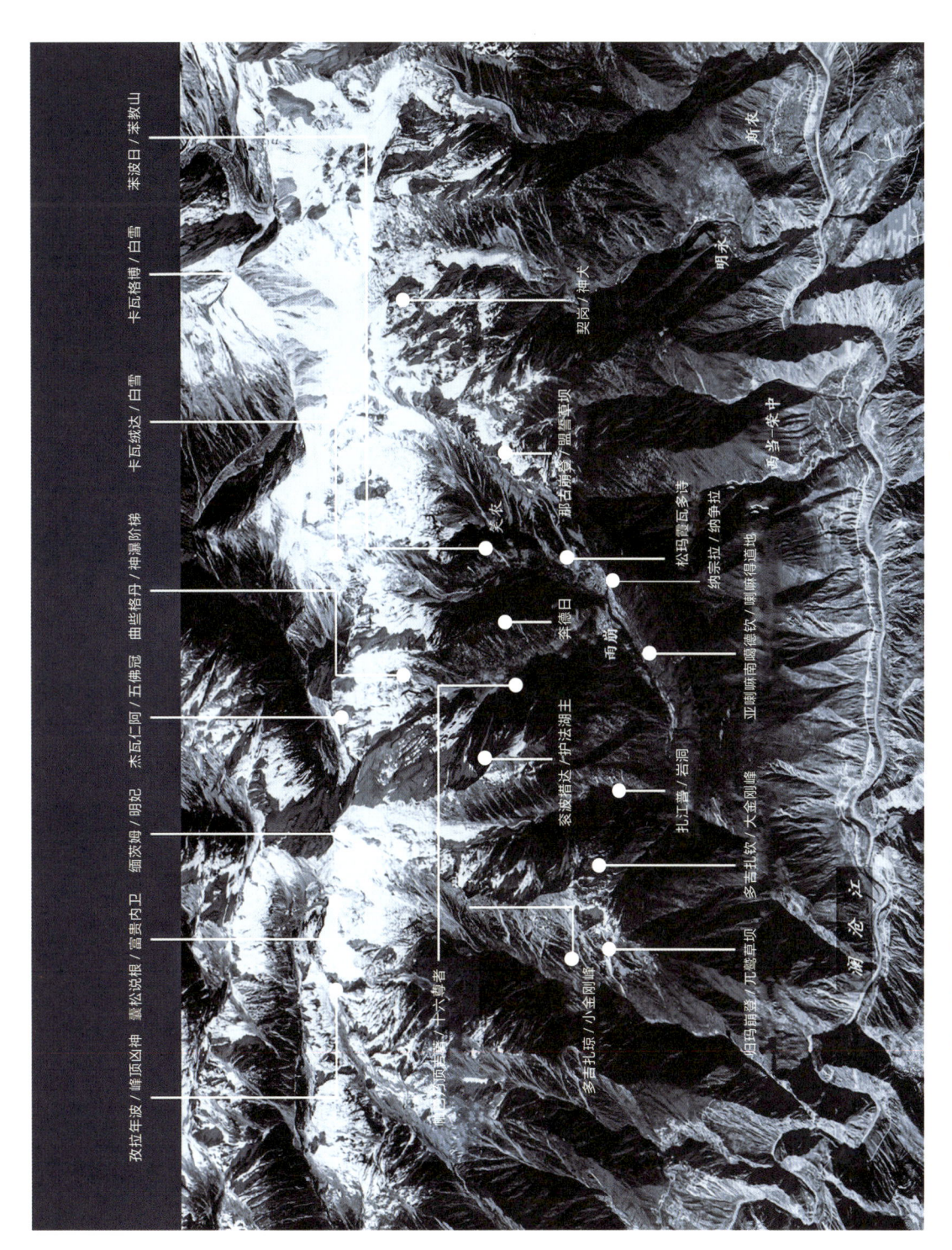

▲ 图 4-15 雨崩村主要神山（郭净、章忠云、扎西尼玛制图，雨崩村的神山圣地太多，本图只标注主要几处）

▷ 图 4-16

奔德日神山（章忠云 摄影）

僧团"[1]，作为地域神山得到祭祀。

亚喇嘛南噶德钦，位于雨崩村东部，在西当村前往雨崩村的山路上，是纳宗拉神山上延伸出的一座山峦，生长着茂密的高山栎。在此神山的树林中，有一块像僧人打坐的巨石，山顶的另一块巨石上有人的脚印和狗的脚印。据民间传说讲，很久以前，这座神山上来了一位叫亚喇嘛的苦修者，与他同来的还有两个随从和一条狗。亚喇嘛和随从历经不断的修炼，有一日终于修得正果。于是，亚喇嘛运用法力打开了对面多杰扎神山上通往天界的通道，准备飞升天界，并告诉两个随从和狗必须集中心念，不能分心到处乱看，不然很难与他一道前往天界。但在飞升的过程中，其中一个随从因为留恋曾经修炼过的地方，一回头，便坠下山谷摔死了，而亚喇嘛他们则成功升天。因为亚喇嘛在此得道成佛，从此这座山成了神山，而那块像僧人在打坐的巨石，被认为是亚喇嘛打坐留下的幻影，山顶的脚印，则说是他们前往天界时留下的印迹。

衮波措达，或"措达玛翁滚波"，是一座黑岩山，与雨崩村帕巴

---

[1] 山藤僧团为藏历二十七时值日的会合神之一，是一种除治神的名称。详见噶玛·让炯多吉著：《圣地卡瓦格博焚烟祭文祈降悉地雨》，仁钦多杰编：《雪山圣地卡瓦格博》，云南民族出版社，1999年，第4页。

乃顶吉著神山的东边紧紧相连。村民说，山神衮波措达手持弓箭，身骑黑马，是专司雨崩村风雨的山神。山腰的东侧有弯湖水，是雨崩的神湖，山神衮波措达是该湖的湖主，大多数时候，他会幻化为一条青龙住在湖里，他非常喜欢清净；如有谁在湖边大声说话、叫嚷，会即刻招来倾盆大雨，这是青龙被打扰而发怒的征兆。每年八月十五，雨崩全村都要上山到湖边煨桑祭祀，向衮波措达祈祷来年风调雨顺、五谷丰收。

卡瓦绒达，是杰瓦仁阿和巴吾巴姆之间一条横亘的山梁，从远处看，他与巴吾巴姆神山连为一体，但在其脚下看却另成山峰，雨崩人说他是卡瓦格博的舅舅。从杰瓦仁阿和卡瓦绒达顶部飞泻一帘如雾的白色飞瀑，被称为"斯那巴泻"或"曲些"，即福运瀑布之意。这帘瀑布得到佛母益西措杰和神山上八万九千成佛高僧的加持，具有无上神力，能预示吉凶，并有强身健体的功能。在神瀑下转三圈，圣水若能冲刷到身体，表明这个人几十年内身体健康，免于灾祸；若圣水冲刷不到身体或无水流下，则预示此人将要生病或有生命之忧等意外发生。因此，这里每年都会迎来成千上万前来转经的香客。今天，"斯那巴泻"以"神瀑"之名成为卡瓦格博区域的著名景点，蜚声海内外。

曲些格丹，是神瀑正东面乃农牧场上一渐渐升高的山坡，海拔4000米左右，意为神瀑阶梯；它又名"日界曲写日果"，意思是"拜见神瀑的起点"。村民认为这里是离众神灵最近的净土。凡来此处之人，无论是达官显贵还是高僧活佛，都必须下马步行。

"邬坚仁波切"山峦，是雨崩村一处特别神圣的所在。在曲些格丹下边，乃农牧场的北边，是地域神山巴吾巴姆向东延伸的山峦，其中部杂木林覆盖着一青色岩壁，被称为"白玛竹颇"（莲花生禅洞），此处圣地由莲花生禅洞、莲花生禅杖、中阴通道、天国之门等四部分组成。在这里，香客们以匍匐钻洞的方式，尝试体验人死后历经七七四十九天的"中阴"境象，以及攀入天界的情境。朝圣者爬出天界洞顶，便完成了生命轮回，要在洞顶用石头或树枝搭一间小房子，

卡瓦格博雪山

△ 图 4-17 从曲些格丹上来朝觐神瀑的香客（章忠云 摄影）

098

表示来世希望与进入天界的人们生活在一起。在神瀑山崖对面，与缅茨姆雪峰相连的一面青色崖壁，似一安坐缅茨姆旁的巨人，此岩壁被称为"邬坚仁波切"，即莲花生大师。当地人讲，莲花生大师在"白玛竹颇"修行100年后，岩壁上自然显现出了他的身影。站在"白玛竹颇"朝拜那面崖壁，如同朝拜莲花生大师的真身。

松玛霞瓦多诗，意为千万亿护法的首领多诗，位于达拉格登和雨崩神林交界的北边，为一东西向的岩山。岩山面向东面有一十几丈高的人脸形绝壁，据说是多诗护法化现的，他是卡瓦格博千亿万护法神中的一位首领，手下有一千万兵将，雨崩是其护持的中心区域。

站在达拉格登草地向北望，隔着雨崩神林可以看到一座东南走向有驼峰的青山，这座山被称为"苯波日"，即苯教山的意思。当地传说佛教没有传来雨崩前，本地人信仰敦巴希绕的苯教，村里有苯教寺庙，苯波日神山是苯教徒修炼之处。山顶有个幽深的山洞，内有呼呼的大风涌出，风的气流很大，抛下去的树枝会被吹上来，人们相信这是苯教的法力所为。这股巨大的气流可以使修行的苯教师功力大增，特别是增强下咒时的法力。后来佛教传到雨崩，该山神也像卡瓦格博一样，成为佛教的护法，仍为雨崩村供奉。

随笑农牛场的溪水逆流而上，眼前一弯碧绿的湖水静卧在卡瓦格博神山的西南脚下，这便是卡瓦格博玉措。人们说，笑农牧场是卡瓦格博山神每年召集众眷属集会和调兵遣将的地方，而卡瓦格博玉措是卡瓦格博佩戴在身上的一块玉佩，因此又名卡瓦格博松石湖。据说此湖水具有超凡的灵性。1991年中日联合登山队攀登卡瓦格博，以笑农牧场做大本营，从卡瓦格博南侧攀上去，后来因发生山难未能成功。出事的15天后，一场雪崩加泥石流席卷了卡瓦格博神山南麓，掀起的气流，将笑农牧场连着卡瓦格博山麓上的千棵古木连根拔起。这场灾害扫荡过后，留下一片流石滩，村民认为那是登山引发山神发怒的结果。最神奇的是，在那场雪崩和泥石流中，卡瓦格博的松石湖毫发无伤，依然装点着神山的南坡。

在卡瓦格博的范围内，就数雨崩村供奉的神山最多，几乎所有的

▲ 图4-18
天国之门顶部香客搭起的小房子（章忠云 摄影）

山林都被神圣化了。村民认为神山是万物之本，山神主宰着整个神山的地域，是一方鬼神的统领者，其部众有鲁、土地神、魔等众多生灵，山里的飞禽走兽是他的家畜，树木小草是他的宝伞，每个山神有各自的宫殿，卡瓦格博山神就住在山中由宝石建成的胜乐宫殿中。山神属于世间的鬼怪，没有达到出世间的佛性，这决定了他们善恶相兼的性格。雨崩的一位村民曾谈道，从佛教的角度看山神，在六道中，他们属于三恶道中的恶鬼道，无法脱离六道修成正果，即使成为佛教护法，也只能成为世间神；山神亦不在畜生道，所以有帮助人的意愿，这双重秉性导致了他们会动辄发怒。一旦他们被招惹，便会引起报应，在其辖地内降灾，降灾的形式多为降冰雹、引发洪水、暴雨、霜灾、播撒瘟疫等。为了让山神高兴，唯一的办法就是取悦他们，方式主要是顺应神山的脾气，向他们祈祷、供奉。因为山神最喜欢闻香，人们便以煨桑焚香的方式来供养他们。

△ 图4-19 雨崩村苯波日山（中间）（章忠云 摄影）

△ 图4-20 卡瓦格博的松石湖（章忠云 摄影）

第五章
卡瓦格博雪山的外部空间

在当地的文化认知中,卡瓦格博雪山被划分为内部空间和外部空间。两者虽有封山线隔离,却并非各自独立存在,互不相干。内部空间的山水林木多被赋予神圣的命名,为鬼神所居之地;外部空间则生气勃勃,人烟稠密。这里的景观,主要包括永久定居的村庄以及周围的耕地。相对于很少受到人类活动干扰的内部空间而言,外部空间的风景既有自然的塑造,亦有人为的雕琢。简言之,人与环境的长期互动,才使得澜沧江河谷能展现出今日的容貌。

一、干热河谷中的绿洲

在滇川藏交界地带,有两类基本的地貌形态:一类是高山草甸,另一类是山地峡谷[1]。在长期适应这两种生态环境的过程中,形成了两种类型的藏族社区:高山草甸型社区,即岗巴(高地牧人)牧区文化范畴,和山地峡谷型社区,即绒巴(谷地农人)农区文化范畴,在《格萨尔史诗》中,二者分别属于"行国"和"居国"两种相对应的

---

[1] 郭净等:《滇西北地区经济与社会发展研究》,载吴良镛编:《滇西北人居环境可持续发展规划研究》,云南大学出版社,2000年。中甸县的藏族社区也有这两种类型,见张实等:《云南民族村寨调查—藏族》第二章,云南大学出版社,2001年。

图 5-1 村庄（红坡）与卡瓦格博雪山遥遥相望（郭净 摄影）

文化形态[1]。前者所处的环境是海拔3000米以上的地带，分布着成片的高山草甸，适合一些生长期短、光照长、耐低温的植物繁衍，如薹草、龙胆、牛毛草等高山矮草群落，还有众多的湖泊、河流和大面积的可利用草场，具有较好的牧业条件，此类社区在香格里拉县所占比重较大。从20世纪90年代后期该县的土地资源来看，农业用地（包括水田和旱地）共计约19万亩，占总土地面积的4.5%；而牧业用地为126万多亩，占总土地面积的49%。[2] 加上相对贫瘠的土壤和寒冷的气候，限制了种植业的发展，却有利于畜牧业。故这类地区的藏族自古以来就注重畜牧业，即使在兼营种植业的村庄也是如此。[3]

但在山地峡谷，社区的持久生存并不能完全仰仗自然的恩惠。如图5-2所示。从德钦县几个主要地段因海拔高度和气温不同导致的降水量差异可看出，该区域高低海拔的气候特征明显，降水集中在3000米以上的亚高山和高山寒冷地带，海拔2500米以下的澜沧江河谷属于焚风地带，气候干热，降水稀少，并不适宜植被生长。

在海拔、气候、降水、坡度、坡向等多种因素影响下，卡瓦格博山地的植物丰富度呈现出典型的单峰格局，即物种丰富度随海拔升高而增加，在3500米处物种数达到最高值，然后随着海拔的上升逐渐降低。[4]

图5-3黄色的部分，便是海拔2500米以下的植物物种丰富度数值。到实地观察，会有更清晰的感受，在卡瓦格博山地的东坡，可以观察到沿海拔高度变化的森林群落，其树木的下限在海拔2500米左右，有常绿阔叶林、硬叶栎树林、落叶阔叶林、暖性针叶林、针阔混交林等；其上限可达4200米，以冷杉林为主。在海拔2500米树线以

1　史继忠：《论游牧文化圈》，《贵州社会科学》2001年第2期。
2　齐扎拉：《中国藏区县域经济探索》，云南民族出版社，1997年，第60—71页；并参见绒巴扎西：《云南藏区可持续发展研究》第四章，云南民族出版社，2001年。
3　1938年《中甸县志稿》载："中甸为一个大牧场，县内四区藏人专以畜牧为主，而以农业为副。"
4　冯欣：《梅里雪山沿海拔梯度植物物种丰富度研究及rapoport法则的检验》，云南大学博士学位论文，2013年，第33页。

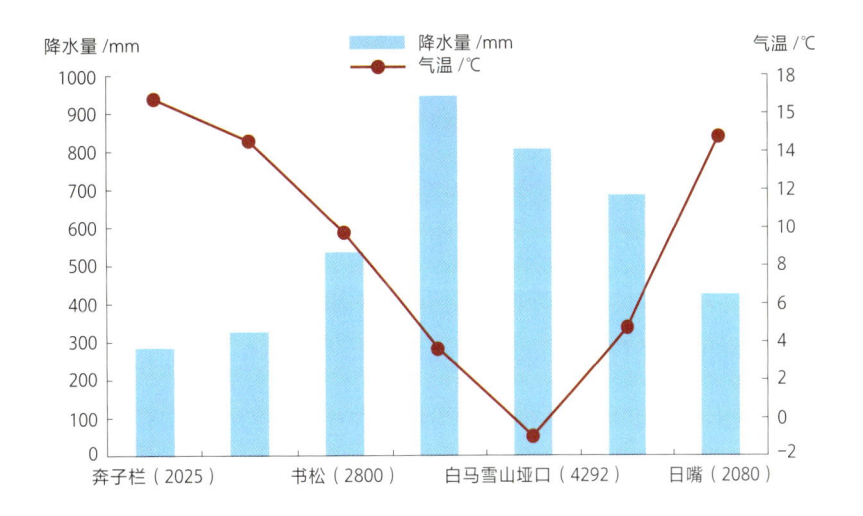

▲ 图 5-2 横断山区的降水与气温

（明庆忠：《山地高梯度森林生物质能效应研究 II：案例》，《山地学报》2011 年第 4 期）

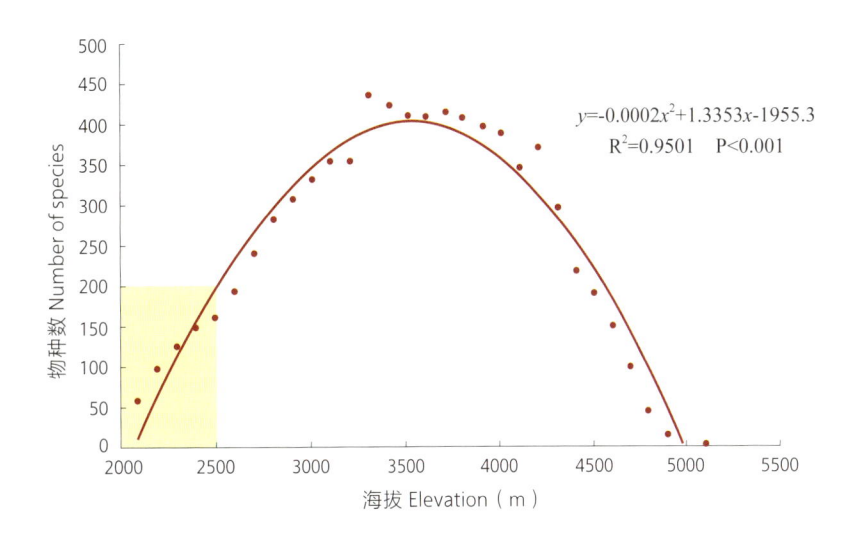

$y=-0.0002x^2+1.3353x-1955.3$
$R^2=0.9501 \quad P<0.001$

▲ 图 5-3 卡瓦格博雪山海拔梯度上的物种丰富度格局

（冯欣：《梅里雪山沿海拔梯度植物物种丰富度研究及 rapoport 法则的检验》，第 18 页）

下的干热河谷，植被生长的条件甚差，除了亚热带灌丛外，基本没有成片的天然林分布。这种焚风地带的自然条件，并不适宜定居农耕。

然而我们在澜沧江沿线隔江西望，会看到这样一番违背常识的景色：在2500米以下的河谷地带，海拔越低，越显燥热。可就在一片片干旱炎热的沿江台地上，却点缀着一个又一个绿荫葱茏，流水潺潺的村庄。美国大自然保护协会的专家木保山告诉我们，这是典型的"下行树带界线"[1]现象。在自然的状态下，森林分布的下限之下是只有灌丛生长的干热河谷，但我们却看到大片人工创造的植被群落。

将此观察与神山空间分类对照，更加深了我们对德钦藏族地方性知识的了解。

卡瓦格博山地的立体景观，从上至下有四个组成部分：最高处是5000米以上的冰雪堆积区，由此孕育了第二层次的冰川区；丰富的降水和高山流水，滋养了海拔2500—4200米的森林带；而下行树带界线以下，为焚风地带。

这样的自然景观有益于生物多样性，却不利于人类的定居生活。但当地的藏族却能依靠长期生活积累的经验，发展出一套适应山地环境的文化认知，即把上部的冰雪带和森林带神圣化，以保护内部空间的水源地；而把自然资源稀少的干热河谷化为可以利用的外部空间，改造成绿洲，这便是当代环保人士所称道的"生态智慧"。

据该地区永芝、纳古、石底等石棺墓葬遗址的考古发现，卡瓦格博山地在史前时代就有人类生息繁衍。有意味的是，当地的大多数村庄，均选择并不适合人类生存的下行树带界线下的干热环境，作为长久的生存空间，其秘诀，就在于掌握了巧妙利用山地气候和动植物资源多样性的方法。

---

[1] 在植被类型呈垂直分布的山地，树林分布的上限称为上行树带界线（the upper timberline）；而树林分布的下限称为下行树带界线（the lower timberline）。

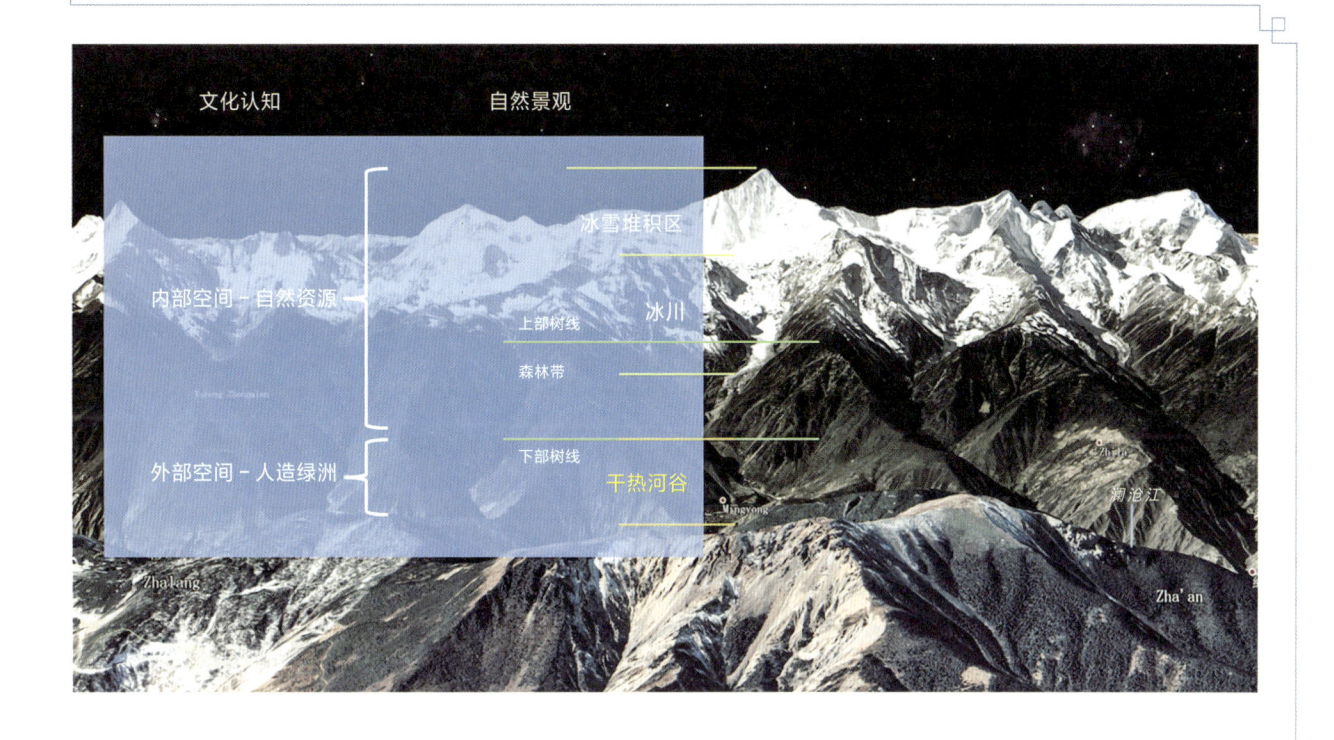

▲ 图 5-4
卡瓦格博山地的自然景观和文化认知（郭净 制图）

我们先来看水资源的利用。当地最大的地表径流是澜沧江，这条大河在德钦县境内的流长为 150 千米，流域面积 3090 平方千米，占全县总土地面积的 40.7%，在卡瓦格博雪山范围内的流长约为 110 千米，流域面积覆盖整个区域。这条大江虽然气势磅礴，除了调节气候的功能之外，很少发挥农业灌溉和生活用水的功能。与世界上其他大河流域的文明比较，澜沧江是峡谷型河流，沿河两岸极少冲积扇平坝，难以开垦为农地，也无法建造高效的引水灌溉设施。而上行树带界线以上的冰雪和冰川孕育了 60 多条溪流，成为唯一可以利用的水利资源。这些高山流水通过天然的沟壑和人工建造的水渠，被引入沿江台地和山沟，灌溉土地，逐渐发育成小片绿洲。而沟渠的流水又经小水沟和木槽，引到各家门前，妇女用木桶接水，背回家供人畜饮用。由此，人们通过合理利用这些水源，把定居点开发成了能够生长乔木及各种粮食作物的人工生态系统，根本改变了干热河谷的生态环境。

对于山地水源的合理利用，今天仍然是卡瓦格博地区村庄和家庭日常生活的主要内容之一。村庄水利系统的源头是雪山，其终端是每块耕地和每户居民的房舍。像雨崩村，它的水资源十分丰富，共有四条源于神山冰川、积雪的河流及众多山涧。村民的饮用水大都来源于离家最近的山涧，村民通过木制笕槽或塑料管把水引到家附近的蓄水池中利用；同时不同的山涧也是村民洗衣和灌溉农田的水源，春冬两季牲畜的主要饮水水源。村里的用电曾经全靠这些河流，那翁河上原本有个小水电站，2001年冬天水电站坏了，村中断了电。后来，村民自筹资金建设小水电，到2003年6月份，村里有11户人家买了小型水力发电机，各自架设在水流量大的山涧上，发电以供夜晚照明、看电视等。2003年时，村中有电视机的只有6户人家。随着2012年通往雨崩的高压电网架设成功，雨崩村电力资源短缺的状况得以改变。这些河流的水能，同时也是解决村民磨面的能源之一，一年四季所需的糌粑面、麦面、玉米面、饲料都要拿到架在河流上的两个水磨房加工。

这些农庄的景观得以改变，与一种特殊的植物关系密切，那就

▼ 图5-5
红坡村的村民在树上用竹竿采核桃（郭净 摄影）

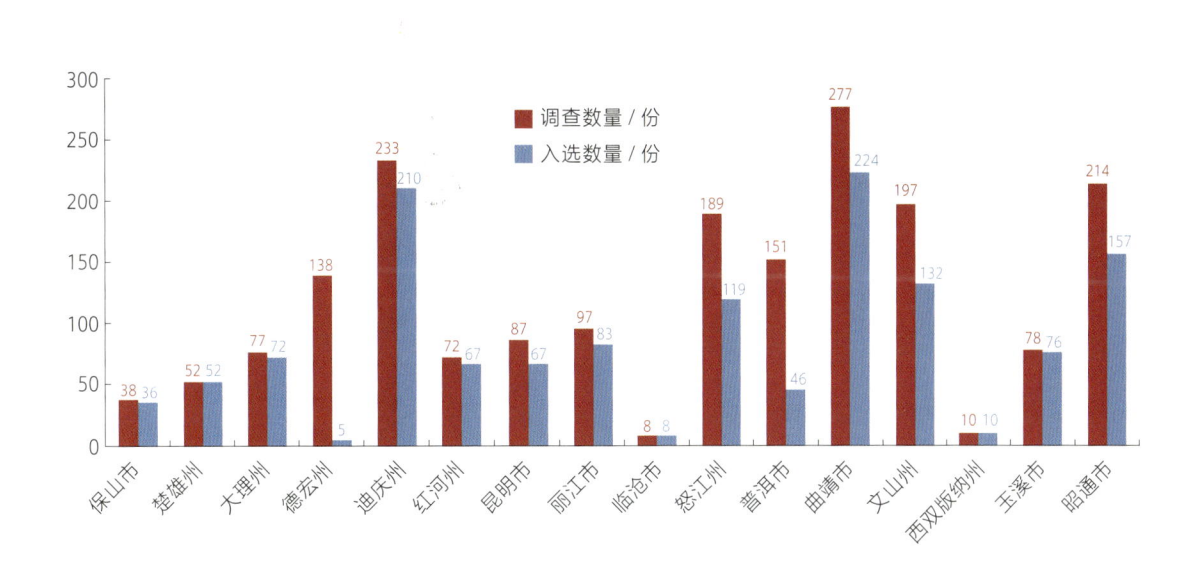

▲ 图 5-6　云南省核桃种质资源调查数量与入选数量

（杨从华等《云南核桃种质资源调查初报》）

是苍翠遒劲的核桃树，藏语叫"达噶辛"。据我们调查，这些核桃树并非自然生长，而是人工栽种的。很多村子的古木都有几百年树龄，堪称人造生态系统的代表植被。云南核桃适宜栽种的海拔高度为1600—2200米之间，在此垂直高度长势良好；而且核桃为喜光植物，种植地全年日照不能少于2000小时。这个海拔高度也是云南核桃种质资源分布最集中的地区。[1]在云南的干热河谷区，如金沙江、澜沧江、怒江等地，核桃树都是改良环境的首选树种。据调查，迪庆藏族自治州为云南核桃种质资源数量最多的地区，德钦县是该资源分布的最北点。[2]

---

[1]　无名氏：《云南核桃的生态特性》，《致富天地》2011年第1期；杨从华等：《云南核桃种质资源调查初报》，《西部林业科学》2018年第5期。

[2]　杨从华等：《云南核桃种质资源调查初报》，《西部林业科学》2018年第5期。

在德钦县的藏族村子，人们有一套管理核桃树的传统制度，即把村里的核桃树分到各家各户，很多树还取了名字。

核桃树除了提供食用油料外，还给其他一些植物、作物提供了适宜生存的环境。在核桃树大型枝叶和树冠的保护下，原本干涸的、空气湿度极低的干热河谷地带，保有了适宜作物和果木生长的湿度和水分，形成卡瓦格博河谷地带特有的，以大型核桃树为主要代表植被的人造绿洲现象。

除了核桃树，构成卡瓦格博干热河谷植被的，还包括种植业中的各种农作物、经济林果木，如玉米、麦子、青稞，苹果、柿子、石榴、黄果等，它们分布在海拔2400米以下的河谷地带。从2005年开始，普遍种植的酿酒葡萄，在沿江一线已逐步取代了农作物的地位。

在作物栽培中，各个村庄都有适宜自己村庄绿洲海拔高度、土质的作物品种和种植方法，比如：在西当—永宗一带，麦子的品种有"竹玛柰"和"阿家提布柰"，玉米有"达该"和"达塞"，青稞有"歌柰"；在雨崩种植的麦子和青稞有"柰栽"和"拉萨柰"，玉米有"拿木九"。选择这些品种的主要原因：一是适宜村子所在的海拔高度和生存环境；二是产量高；三是不容易遭受病虫害。

因为水利、土壤和阳光等自然条件相对优越，建立在河谷和山坡台地的村落能开发适宜农耕的土地资源，经许多代定居者的努力，形成一套完整的以固定耕作为主体的农、牧、林综合农业体系，以及与之相应的社会和信仰制度。卡瓦格博山地的大多数藏族村落均为农业社区。据统计资料，在以山地占主体的德钦县，可耕地面积在全县土地总面积中仅占不到1%，但由于人口较少，人均可拥有一亩多耕地。加上在漫长历史时期逐渐发展起来的耕作文化，使当地民众能够依靠土地利用获得基本的食物。

这些村庄经过数百年的经营，在干热河谷两边的坡地开发出大片水浇地，使每户占有的可耕地数量超过云南许多平坝地区的居民。以我们做过调查的明永村为例（表5-1）：

△ 图 5-7　掩映在核桃树中的永宗村与周围干涸的河谷形成鲜明对比（章忠云　摄影）

▽ 图 5-8　雨崩村种植的青稞"柰栽"（章忠云　摄影）

◀ 图5-9 永宗种植的玉米"达该"（章忠云 摄影）

表5-1 明永村典型家庭2000年的人口和土地

编号及户主	家名	特点	人口	劳力	土地（亩）			
					承包地		开荒地	菜地
					水浇地	旱地		
1.阿楚	很赛巴	富裕	9	4	7	2.8	1.2	0.1
2.鲁茸次称	得格泊	一妻多夫	8	6	7.8	3.2	5	0.1
3.白桑却初	夏门巴	重牧业	4	4	6	2	2	0.1
4.丛林争	学鲁咱	中等	6	4	5	2	4	0.1
5.巴桑拉姆	杜达得玛	贫困	4	3	5	0.8	2	0.1
6.甲木措	雅哇		8	4	4	2	2	0.2
7.平楚	唐巴	一妻多夫	8	6	8.1	2	1.9	0.1
8.次里尼玛	古拉巴	一妻多夫	7	3	8	1	2	0.4
9.江楚	夏娘巴	旅游经营	6	3	6	6	5	0.1

（资料来源：引自郭净、章忠云、郭家骥、张志明等《卡瓦格博拟建保护区对当地社区的影响》第15页）

表 5-1 抽样的 9 户，有 6 户的水浇地在 6 亩以上。明永村的总耕地面积中，位于平坝的基本农田约占 80%，其余的都是山地或坡地，其中坡度 25°以上的约占总山地和坡地面积的 30%。基本农田做两季耕作，一季种麦子，一季种苞谷。

表5-2　2000年明永村土地利用状况

土地类型	作物	分布区域	耕种强度	肥料
基本农田	青稞、小麦、玉米	坝子	一年二季	农家肥、绿肥、化肥
旱地	玉米、土豆、蔓菁	山坡、河谷	一年一季	农家肥、绿肥
自留地	玉米、小麦、甜荞	平坝	一年一季	农家肥、绿肥

麦子和苞谷的种植在一年内形成一个循环，而农作物的养育和牲畜的养育，又形成另一个植物和动物间的循环：苞谷和秸秆是牲口的饲料，牲口的粪便是农作物的肥料。人在这个循环中获得生存的资源，为此，也必须付出艰苦的劳动。

另外，该地区的林地面积占土地总面积的 50% 以上，又促成了当地居民在从事种植业的同时，兼营畜牧业和林产品采集。直至今天，种植业、畜牧业、林产品采集业依然是卡瓦格博地区藏族的三个主要生产门类。其中，种植业所生产的小麦、青稞、苞谷提供了人与牲畜的粮食来源；畜牧业生产的牛奶和肉类为人们提供了高蛋白的食物，以牛、马为主的大牲畜则是耕作和驮运的主要动力；而森林所提供的是盖房子用的木料，烧火用的木柴和野生菌类、药材等用于交换的产品。从 20 世纪 90 年代起，卡瓦格博地区的环境和文化，也逐渐成为具有经济价值的旅游资源。在旅游和葡萄等经济作物种植普及之前，当地农业社区一年的生产周期大致如表 5-3 所示：

表5-3　卡瓦格博地区一年的生产周期

| 时间 ||生产状况|
农历	公历	
三月	2月	山上桃花开，江水变浑，种山地苞谷和荞子犁两遍地，第一次不用管天气，第二次要等雨水。土巴湿了，种子才发得快
四—五月	3月下旬—4月底	捡羊肚菌，这种菌子长在小松树林和杂木林里，地里也有。干的羊肚菌一斤可以卖到400元，最高到600元
五月	5月下旬—6月上旬	靠江边的村子可以收割麦子，10天左右，然后运肥料，种苞谷。收割后有的村子要过射箭节，再赶牛上山，家中缺劳力的，要先收麦子，再吆牛上山
六月—九月	6月中旬	要给苞谷薅草一两次，之后家里留一个看门的，其他人上山捡松茸。可以捡到10月份。松茸长在松树和栗树混杂的林子里，雨下得多，就生长得快
九月—十月	10月	国庆节过后收苞谷，10天左右。牛下山，犁两遍地 上山背栗树叶垫牛圈，在圈里沤成肥料，运到地里。干一个月左右
十一月	10月底	种麦子，有的人要到春节前后才种。这时候种，次年的5月便可以收割
十一月	11—12月	砍柴，11月底薅一次麦子，春节前浇一次水
十二月—一月	12月	杀年猪，准备年货 春节3天射箭
二月	3月	春节过后，剥麦子根上的叶子做牛和猪的饲料，给麦子浇水

干热河谷绿洲作物种植，因市场需求和国家农牧业扶持脱贫政策的影响，在2013年前后发生了很大变化。当地通过引导产业发展，开展农商对接的方式，栽种市场需求大和经济价值高的作物，核桃、葡萄（酿葡萄酒用玫瑰蜜和赤霞珠）等，并由政府与商家达成协

▲ 图 5-10　夏季是最繁忙的季节，除了地里的农活，人们还要上山找虫草和松茸
（图为雪达村，郭净 摄影）

议，统一收购这些农产品。到2015年时卡瓦格博区域几乎80%的土地都用来栽种这类经济价值高的作物，形成了农产品走产业化路子的现状。如2005年后逐步增加的酿酒葡萄种植，2008年西当村共计出售葡萄约40吨，合人民币12万元，平均每户2000元，2015年明永村550亩基本农田中，有300亩用来栽种葡萄，每亩葡萄的年收入约8000元。

近20多年来，卡瓦格博地区藏族的生活方式发生了很大改变，其生计主要来自农业、畜牧业、林业、林产品采集业和旅游业等五大产业，而所有这些产业，全都建立在对山地自然资源开发利用的基础之上。同时，烧香、转经、过节等文化活动，也要利用相关的资源。因此可以说，卡瓦格博的山地资源是当地藏民的衣食之源，离开了这个资源，他们的生存与发展都无从谈起。在这些生计方式中，农业对河谷地带的村庄，如西当、永宗、明永等比较重要，畜牧业对雪山深处的村庄，如雨崩则更为重要。从劳动量的分配上看，种植业在海拔2400米以下的河谷地带占主导地位；随着海拔的升高，畜牧业和综合林业的成分逐渐加重。但从经济价值的产生来看，种植业的作用主要是解决农民自家的粮食问题，少量用于实物交换（如用小麦换盐巴），而畜牧业和综合林业的产品才拿去交换现金，然后购买家庭生活的必需品。

二、房名与土地权属

由于这些村庄自古以来就是农、牧、林并作，而以农业为主要生计，土地便成为最重要的资源。关于本地土地资源的状况，德钦县农牧局在1988年曾做过普查，有关报告将本县的农业耕地以土壤品质作标准，分为四个等级，见表5-4：

表5-4 德钦土壤等级

级别	分布位置	主要土壤类型	面积（亩）	占耕地面积的%
1	云岭乡的斯农、荣中（永宗）、日嘴等村，奔子栏乡	褐土、水稻土 分布于海拔2500米以下河谷地带，为上等耕地，开发利用较早，土壤熟化程度高，人口稠密，水肥气热条件优良，一般一年两熟，种小麦、苞谷、蚕豆等作物，亩产600—700斤	12765	15.95
2	佛山乡，云岭乡的热水塘、佳碧、果念、红坡、永支等村，燕门乡，奔子栏乡	褐土、棕褐土、黄壤、冲积土、紫色土 肥气热条件较好，土壤养分中等，一年两熟，种小麦、苞谷、豆类，亩产350—450斤	54660	68.31
3	云岭永支，奔子栏乡、佛山乡、羊拉乡	肥水条件较好，有机质含量较高，热量资源不足，一年两熟或两年三熟，种小麦、苞谷、青稞等，亩产200—300斤	9685	12.10
4	升平镇，佛山乡、羊拉乡	分布于海拔3600—3800米的山区，土壤有机质含量较高，但土层浅薄，土壤熟化程度低，耕作粗放，一年一熟，种青稞、小麦为主，亩产300斤以下，畜牧业比重大		3.64

［资料来源：根据《德钦土壤》第75—77页资料制表（县农牧局土壤普查办公室1988年）］

表5-4中一级耕地的分布，集中在金沙江河谷的奔子栏乡和澜沧江河谷的云岭乡，后者包括了卡瓦格博区域的大部分村落。海拔在2500米以下的澜沧江沿江台地，聚集了这一带的大部分农业人口。土壤因千百年的开发利用，熟化程度高，为当地人民提供了基本的农业资源。

从行政区划分的角度来看，卡瓦格博雪山的主要地段，几乎都在云岭乡境内，所以这个乡的居民，与卡瓦格博雪山的关系也最紧密。在我们调查的20世纪90年代，该乡的基本情况如表5-5所示：

表5-5　云岭乡1999年人口数量

村社	人口	村社	人口	村社	人口
永芝一社	161	斯永贡上社	110	西当村一社	144
永芝二社	169	斯永贡下社	149	西当村二社	171
永芝三社	148	红坡村一社	157	扎龙社	57
荣仁村	120	红坡村二社	143	雨崩一社	69
查里通社	150	红坡村三社	121	雨崩二社	64
羊咱	108	红坡村六社	144	尼农社	127
查里顶社	216	红坡村七社	70	斯农村支拉社	82
永久社	158	南佐社	195	热水塘	111
果念社	143	贡普社	76	斯农一社	161
军打社	93	永宗村一社	130	斯农二社	138
佳碧社	167	永宗村二社	128	明永一社	148
九努顶社	135	永宗村三社	84	明永二社	137
日追社	184	巴里达社	182	布村	195
				合计	5245
				农业、非农业人口共计	5900

（资料来源：德钦县志办提供）

在以往传统的耕作制度下，绝大部分耕地都在村庄的范围内，是人们可以控制的"外部空间"的一个部分。而这部分土地就像人和家庭一样，也被取了名字。由此而来的是，社区居民对土地的所有权也因命名制度而得到保障。

其中，土地和房屋是两个最基本的要素。以这两个要素为纽带，维系生活世界的生产关系和社会关系得以形成。与内部空间的神圣命名相对应，外部空间的命名另有一套规范。根据我们的调查，这套规范包括如下几个方面：其一，在社区的外部空间（村庄范围以内）里，每一块土地都有名称；其二，每一座房屋都建在有名称的地面上，因此得到一个"房子名字"；其三，居住在同一座房子里的人，即为一个家庭，并以"房子名字"作为本家庭的名字，此即"房名"或"家名"，其作用类似汉族的姓，这是个人名字之外，用来辨认身份，区分同名的主要称谓；其四，每个村庄的外部空间，便由一群有名字的土地和家户组成。

这里值得关注的，是土地和房子这两个基本要素的联系。当地人采取的原则是：外部空间的命名以土地为基础，在此之上，才形成房子和家庭的名称；也就是说，房子和家庭的命名，以土地的名称以及与之相关的所有、使用等权利为前提。

要深入了解这种复杂的关系，我们首先必须对该地区土地资源利用和命名的状况加以考察。

以西当—永宗村为例：这两个连在一起的村庄以一条神山下来的人工水渠为分界，该地界解放后略有变动，但依然被村民所遵守。凡在两个地界中的每块土地，都有各自的名称。而方位在命名中尤其重要，如永宗村被一条大水沟贯穿，水沟左右两边的土地叫"龙巴雍""龙巴耶"。而水沟上下的土地叫"夏若""亚若"。在这大片的土地之中，各家小片的宅基地和耕地也被命名，并转变为房名和户名。

尽管我们无法考证土地命名源于何时，但这种习俗反映了当地藏族对土地和生活空间的认识，而这种认识应当是在长期和自然环境打交道的过程中逐渐积累的。村庄范围内的每块土地都有名字，即表明它们都有归属。与之相应，建在这些土地上的房子和家户，也因此获得表明自己特征的名称，并取得对该地块的使用权，以及与之相关的社会权利。这就是藏族村社的房子命名制度。1939年，和永惠在《云南西康之康族》一文中，记载了德钦地区藏族的房名：

> 每家都用一历代不更之私有宅名，盖康人名字多有雷同，呼宅名于人名上以别之也。[1]

---

[1] 原载《西南边疆》杂志第8期，引自德钦县志办《德钦志讯》1992年第1期。

△ 图 5-11
德钦藏族民居的式样
（郭净 摄影）

文中所讲的情况，同我们调查的历史与现状相符。在德钦地区，藏族大多没有姓氏，只取名字。个人名字在出生以后请活佛卜算决定，多以同佛教有关和吉祥的词来取名，如尼玛（太阳）、达瓦（月亮）、扎西（吉祥）等等，所以同名的人很多。当地人在相互称呼的时候，或者在名字前加"大""小"等词，如大扎西、小扎西之类，或者冠以房名，如"顶巴""夏巴"等。只有房名在一个社区中是唯一的，没有重复。

所谓房名，即村里每座住房所拥有的名称，以一个独立的家户为单位。从原来一个家户分出来的家庭，只要盖了自己独立的新房子，就必须使用新的房名。据我们的调查，德钦地区所有的藏族村落，都有与地名相联系的房子命名制度。房子的取名，大多数来自该房子所在土地的特征，即由土地的名称变为房子的名称。请看表 5-6 和表 5-7：

表5-6　雨崩村部分房名的含义

户主名字	房名（户名）	含义
顶巴	桑达 巴卡	老房名，意思是木桥上面的人家； 新房名，意思是河那边的人家，因房子在下村河对面
陪初	雪康	老房名，意思是山包下边的人家
巴丁	沃康巴	老房名，意思是斗旁边的人家，房子在像斗的山泉边
此姆	珠弄	老房名，意思是耕牛躺处的人家
巴桑	那尼巴	老房名，意思是树林中间的人家
小卓玛	交巴	老房名，意思是后面的人家
江初	瓦登巴	老房名，意思是筧槽上边的人家
阿布 （社长）	巴卦 其色巴	老房名，意思是分家的对面的人家； 新房名，意思是新房子的人家
此姆	崩得 曲尼龙巴	老房名，意思是草坡旁的人家； 新房名，意思是水沟汇合处的人家
边追	尼达扎	新房名，意思是日月岩子旁的人家

表5-7　斯农村部分房名的含义

房名（户名）	含义
夏交巴	在山后边的人家
夏巴	（村）下边的人家
炯巴	有墙处的人家
曲米仲巴	水塘边的人家
其宁巴	旧房子的人家
麦巴	下面的人家
尼巴	近邻的人家
尼哇绪宗巴	邻居旁边的人家
巴容夏哇	在巴容贡那块地下边的人家
兰古瓦	路拐弯处的人家
格玛切古巴	格玛家拐过去那家
兰达仲巴	村中间路边那家
兰古麦巴	路口下边的人家

在社会交往的场域中，这些房名就成了一个家户全体成员的公用名字。因此，个人的名字和家庭的房名，是每个村民都有的两种身份标识。这两种名字的使用情况，在永宗村（荣中）的人口登记表册上得到具体的反映。因为村里同名的人多，不容易区别，便经常登记房名，下面是1997年永宗二社的人口登记表：

娘巴阿木（娘巴是房名，阿木是户主名字），六口人，一男五女。

娘巴松吉（与上一家分家出来，所以房名和户主名字合用，以表明两家的关系），四口人，一男三女。

角色米巴（房名），七口人，三男四女。

次里康基（人名），五口人，三男二女。

热炎公（房名），六口人，三男三女。

结巴（房名），五口人，三男二女。

霞（房名），五口人，三男二女。

立青芝玛（人名），六口人，二男四女。

嘎绕达（房名），四口人，二男二女。

格低巴（房名），五口人，四男一女。

下很色巴（房名），五口人，二男三女。

石佳（房名），九口人，五男四女。

农布（人名），一人。

立古顶巴（房名），六口人，三男三女。

多角顶巴（房名），八口人，五男三女。

角达巴（房名），五口人，三男二女。

若日巴（房名），四口人，二男二女。

培楚此里（人名），七口人，三男四女。

扎史嘎（人名），六口人，一男五女。

尼赞巴（房名），七口人，三男四女。

鲁茸丛（人名），四口人，三男一女。

仙久（人名），六口人，三男三女。

农场阿木（人名），六口人，三男三女。

格茸顿珠（人名），三口人，二男一女。[1]

以上24户，用人名登记的有9户，用房名登记的有15户，说明在区分家户的时候，房名是一个主要的标志。在20世纪50年代以前的政治体系中，有份地和房名的家户就属于"正户"，它们是每个村庄的基本社会单位，没有土地的为无门户。从1998到2000年，我们对卡瓦格博地区几个村庄正户的数量和名称做了调查，情况如表5-8所示：

表5-8　永宗村的18家正户

正户名汉语音译	意思	备注
炯色娘巴	土墙旁边的人家	
炯色米巴	土墙下面的人家	从炯色娘巴分家出来的
格底巴	楼上人家	
夏达	下面的人家	
石佳	背面人家	
仁古顿巴	坡顶上的人家	
加迪炯巴	凹地里的人家	
久瓦娘巴	凹地上面的人家	从久瓦米巴家分家的
久瓦米巴	凹地下面的人家	
仲拉	村子中央的人家	
巴古巴	牛场里的人家	
向巴	村北面的人家	
朵炯巴	有海螺地方的人家	
沃亚	水槽旁的人家	
热古巴	分到上面的人家	
农巴	集合处的人家	
康古麦巴	康山下面的人家	
克绕巴	卡山下面的人家	

1　西当村公所统计表。

西当村现有58户，其中15家是原来的正户，见表5-9：

表5-9 西当村的15家正户

正户名汉语音译	意思	备注
热古巴	望族之家	户名为吉祥语
仁古巴	沟头之家	
巴古玛	养牛场人家	
阿菊玛		户名的意思尚不清楚
帕嗡巴	大石头旁人家	
米巴	下面人家	
热然	兴旺可期之家	户名为吉祥语
么让	发现粮斗的地方	
祥巴	北边人家	
席瓦	水沟边的人家	传说是格萨尔臣子向宛（ཞང་དབོན）的家族
徐窘巴	小地基上的人家	另一种说法是刹土神"徐窘"（ས་བདག）居地旁的人家
很色巴	新房人家	
亚甲	家道兴旺	户名为吉祥语
基色巴	转经人祝福的人家	户名为吉祥语
如宫巴	望族之家	户名为吉祥语

表5-9的户名，有5家不是地理名称，而是吉祥语。

明永村现有51户，其中24家是原来的正户，见表5-10和表5-11：

表5-10 明永村的24家正户-上村

正户名汉语音译	意思	备注
你江	听到远处歌声的地方	
尼里古	村头的古老人家	
你加	祝福此地聚起千家万户	
娘	上面人家	

（续表）

正户名汉语音译	意思	备注
巴子树古巴	村中下家	
巴子叶古巴	村中上家	
下娘巴	东边的合意快乐之地上的人家	
下美巴	东边下方之家	
下瓦	村之下家	
中巴	关骡子地方的人家	
叶烈	分到上面的人家	
格登（点）	坡坎上的人家	
中古巴	村头人家	
东达顶	平坝之家	此地为一偿命得来的平地

表5-11　明永村的24家正户-下村

正户名汉语音译	意思	备注
树古巴	村尾人家	
娘瓦	上面，顶上人家	
十浇巴	村中人家	
叶甲	兴旺荣盛人家	吉祥语
曼巴	下面人家	
娘巴	山坡下的人家	
面巴	村尾人家	
江色	北边的新户	
巴格	村交界处的人家	
叶瓜	向上挡住的人家	

以上村庄的资料显示，大部分正户的房名，都与该家户房屋坐落的地望直接关联，仅少数房名来自吉祥语。

房名的存在及其与土地的联系，在涉藏地区并不限于德钦。据美国人类学者阿吉兹对西藏定日，西南民大学者李锦对加绒藏族所做的

图5-12 永宗村18正户在村里的分布（郭净 制图）

永宗十八正户
1 炯色娘巴
2 炯色米巴
3 格底巴
4 夏达
5 石佳
6 仁古顿巴
7 加迪炯巴
8 久瓦娘巴
9 久瓦米巴
10 仲拉
11 巴古巴
12 向巴
13 朵炯巴
14 沃亚
15 热古巴
16 农巴
17 康古麦巴
18 克绕巴

研究，房名在那里同样普遍。[1]

李锦亦指出："嘉绒藏族社会是由家屋、房名和家人三个要素结合形成的社会。家屋是三个要素的中心，由一座房屋、居住其中的家人和家屋的名号——房名组成。"[2] 房名不仅是个人名字的补充，它更重要的意义，还在于它同这个人社会经济地位建立的联系。其中最基本的，是房名同土地的联系。房名代表每个拥有土地的家庭，因而成为与土地所有权密切相连的社区权利和义务的标志。

房名，实际上就是拥有份地的"正户"的身份标志。一切权利和义务，都是随着土地和门户而来的。根据20世纪50年代中央访问团二分团的调查，德钦县当时有三乡一镇，不到40个村子，正户共有800家，副户有1000多户。[3] 所谓副户便是正户以外没有土地的无门户，我们访谈西当村小学李鸿基老师，他说：

---

[1] 阿吉兹：《定日人家》，西藏人民出版社，1987年；李锦：《家屋与加绒藏族社会结构》，社会科学文献出版社，2017年。

[2] 李锦：《家屋与加绒藏族社会结构》，社会科学文献出版社，第250页。

[3] 刘杰：《德钦县情况》，《中央访问团第二分团云南民族情况汇集》（上），云南民族出版社，1986年，第135页。此数字比较粗略。

他们（副户）当人家的长工，或当奴隶。奴隶自身没有权利，身子不属于自己，属于主人。人家把你卖了也随主人的意。长工人身自由，想在么在，不想在可以走掉。主人的姑娘要出嫁，跟姑娘年龄差不多的奴隶就送给姑娘做服侍的人，跟着去嫁的那家。奴隶各种情况都有，有些穷了父母卖身，把娃娃卖给人家。有些从外地来，没有吃的，在地主家做活，人家给饭吃，时间长了就变成他家的人，一两代就像奴隶一样了。有些男的是这家的，和另一家女的结婚，娃娃变成这家的奴隶，几代人都是奴隶。有些主人对奴隶像对自家人一样，主人也做活，奴隶跟主人吃一样的饭，只是奴隶没有说话的权利。有的主人吃好的，奴隶吃稀饭，有的打骂，有的从来不打骂。

土司自己有佃户，那些佃户的土地属于土司，不管打多少粮食，一半交土司，一半自己吃。打粮食时土司派人来，当面打，当面分，各分一半。佃户有属于土司的，也有属于其他地主的，种子、耕牛、工具全部自己出，地主一样都不管。分粮食以前要报告地主，不说，人家不饶。地主家会来看你有没有偷粮食。佃户每年去地主家做十多个几十个白工。没有工资，只管一顿饭，这是佃土地时说好的。

长工没有土地，只帮人家干几天活，得几筒粮食，住主人家。长工身体属于自己，想走可以走，有的主人不说明每天给多少钱和粮食，只有三顿饭，年尾给一件衣服，一双鞋子，或一顶帽子，有些有子女的长工另外有住处。有的去给人家当长工要讲清楚，一天算多少粮食，你在他家吃饭，得一筒粮食（一升），带回去家里人吃。我媳妇的大姨妈是长工，自己没有房子，住在地主家。我来永宗教书时先住伙头家，他们房子大，表哥在地主家吃饭，我跟伙头家吃。第二天以后搬到村里的公房，村民借给我火盆、火盆架、罗锅，从各家各户凑一些面粉和鸡蛋，我自己做饭吃，学生也在公房里上学。

据有关资料，在卡瓦格博地区的每个村庄直接附属于德钦三大土司之一，负担赋税和劳役。村内的事务，由伙头和村众会负责管理。伙头保存着一份花名册，上面有每户家长按的手印。每当需要商讨村子的重大事宜，伙头就召集家长到公房开会。具体情况，李鸿基老师给我们做了如下介绍：

> 那时永宗和西当分属两个自然村，在学校那里有条沟，沟上面是西当，沟下面是永宗。西当是禾千总的百姓，永宗是吉土司的百姓。永宗那时有正户18家，还有10多家没有土地和正式房名的人家（现小队长却登说只有6户没有土地的人家）。这18家正户都有份地，所有权归自己，此外，所有的荒地、山林、水源也属这18家共有，也负有向领主交税收和摊派、出劳役的义务。其他人不能随便使用这些土地，但可以捡烧柴，放牛马也不必交什么费用。
>
> 只有这18家正户是村众会的成员，由伙头召集。西当和永宗各有一个伙头，归自家领主管，身份是世袭的。村众会由每家出一个家长参加，名字写在伙头的名单上。集会的地点是两层的公房，有16根柱子，下面开会，上面住人。楼上也是全村集体念经的场所，每年18家正户要在这里集体念经3—7天，祈求风调雨顺、人畜平安。凡开村众会，伙头就吹铜号，第一遍做准备，第二遍出门，第三遍就要到公房。每户有一根木片做的"辛让"，长约一尺，比大拇指粗一些，共18根，用皮条穿成一串，按各家的房子位置排列。伙头先到公房坐下，把辛让摆在面前。如时辰一到，便按辛让点名，叫各家的房名。如果某家缺席，伙头就把他家的辛让翻朝下，点名以后用刀在他家的辛让上刻一道，作为记录，

▶ 图 5-13
20 世纪 50 年代前德钦社会结构（郭净 制图）

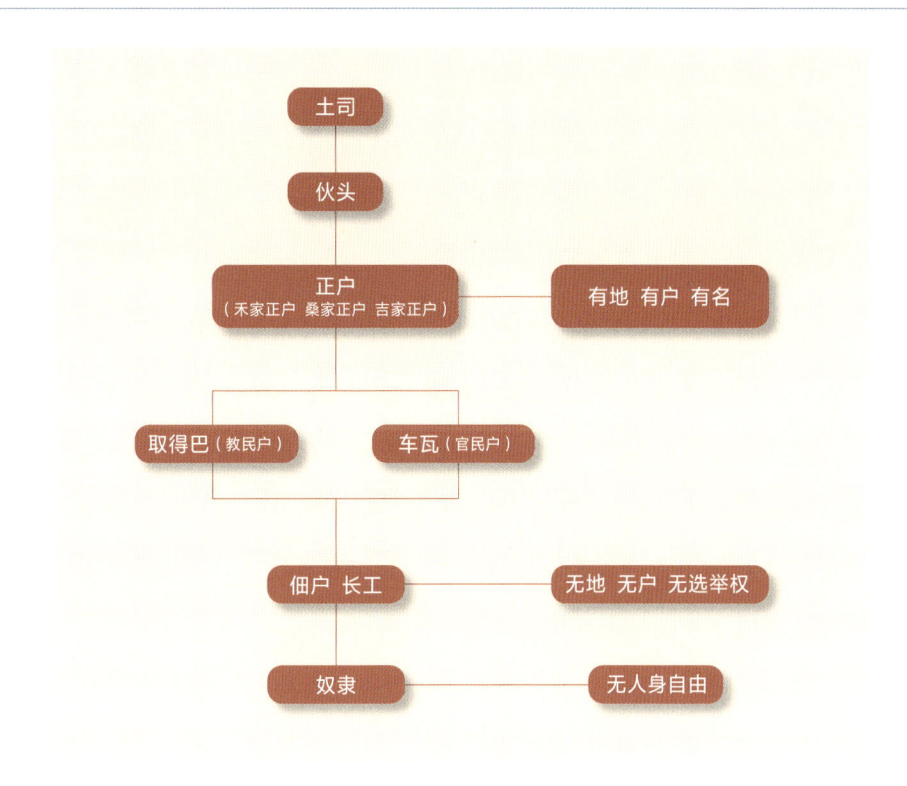

他家就要被罚交钱、粮食或羊子。缺席一次交 2 升粮食，缺席几次交一只羊。如果有支派劳役、缴租税等事务，像交集体念经的用粮，为土司出"乌拉"（劳役），或为国民党军队背军粮，谁家没照办，又在他家的辛让上刻一道，罚他家出粮食和羊或酒，归村众会集体使用。非 18 家正户的佃户、奴隶等，因没有土地所有权，没有房名，便没有上述权利和义务，只能听从主人指派。

据 20 世纪 50 年代另一份社会调查，全县户口中有正户 660 户（前面中央访问团的调查说有 800 户），并有 2378 户佃农和奴隶（中央访问团的调查说有 1000 多户）。正户中有 23 个村要承担两个喇嘛寺的负担，称为"取得巴"（喇嘛寺的百姓），对喇嘛寺交定租，服劳役。"取得巴"可买卖土地，但只限于正户之间，买卖土地时，只要到喇嘛寺拨租即可，卖主需送地价 1/3 给喇嘛寺。喇嘛寺在契约上盖印。土地上的小纠纷，则由喇嘛寺在收租时调解，如系较大的纠纷，则由喇嘛寺与土司头人共同调解。喇嘛寺在"取得巴"上除有收租、劳役的特权外，政治上的管辖属千总。其余村子的正户称为"车瓦"（出差税的人），他们不承受寺院的负担，只承受向土司缴纳粮食和差役的负担。[1]

总而言之，在村社的空间里，对土地这种最重要的生活资源的使用权，是与社会身份的认定紧密联系在一起的。只有该社区认同的社会成员，才有资格参与土地的分配、使用和管理。而拥有房名的家庭，即拥有社会成员的资格，也自然得到所属的份地，并得到参加村众会议决社区事务的权利。所以，用土地名称作为房子命名的依据，其实正表明了家庭与土地权属的基本关系。

20世纪50年代的变革，使卡瓦格博地区的社会结构发生了根本变化，传统的外部空间格局也随之改变。分了土地的人家，就建了自己的房子，取了新的房名。这类新出现的家户，就不算在正户当中。如今，该地区各村不管新户老户，都有自己的土地和自己的房名。过去的正户有哪些，老人都还记得清楚，但阶级的划分已不复存在，所有有房名的人家都能参加家长会，其职能与从前的村众会基本一样。不同的是召集人不再是伙头，而是自然村的村长和社长。相对于由外地派来的行政村领导，自然村的村长和社长实际握有更大的权力。原因就是他们是当地社区的成员，有自己的土地和房名，而且能通过家长会的形式管理所有家户。从这点来看，传统的外部空间分配（主要与土地和房子的分配相关），以及与之密切联系的社会权利与义务的分配方式，依然在合理地运行着。

卡瓦格博地区的藏族以命名土地为起点，形成了对房子和家户命名的制度。与村庄相连的每块土地都有名字，即表明它们都有归属。与之相应，建在这些土地上的房子和家户，也因此获得表明自己特征的名称，并取得对该土地的使用权，以及与之相关的社会权利。此外，这些被命名的土地和家屋，又归属于一个更大的分类系统：由

---

[1] 《德钦县情况》，云南省社科院图书馆特藏《云南少数民族调查资料·藏族》第422卷第4号《迪庆州材料》（1958年），并参见王恒杰：《迪庆藏族社会史》，中国藏学出版社，1995年，第111—116页。

耕地和家屋组成了"外部空间",这是人们可以控制和改造的人造世界。而在封山线以内,山石水木均被冠以神的名称,这是神灵控制的"内部空间"。这两个空间分别属于"人的地盘"和"神的地盘"。人在外部空间的言行,受到社会规范的约束。而他们在内部空间的行为,则要遵守信仰、禁忌和仪式的限制,如若逾越,必定遭到神的惩罚。

三、家屋与神山

德钦藏族村子的民居,均按照佛教三元结构分层,这与李锦在嘉绒地区的观察是一样的。传统的式样是典型的土掌房,分作三层,底层是关牲口的畜圈,里面垫着从山上砍来的枝叶,和牛粪混合后变成肥料。

▼ 图5-14
一户村民家的中柱、火塘灶台和神龛(郭净 摄影)

过去房子的大门多开在底层，先要进入畜圈，再从木楼梯上到二层（巴度）。现在许多新建的民居，都把底层的楼梯改到房子外面，上楼不再经过畜圈。二层是家里人住的地方，用木墙壁分隔为几间。其中最大的一间叫"很玛"，意思是主房、堂屋，它混合了客厅、厨房及餐厅的功能。这间屋子铺着木地板，中央立着一根粗大的"中柱"（巴噶），靠窗户的柱头上刻着太阳，代表男人，靠里面的柱头上刻着月亮，代表女人。有些家庭还分别竖着男柱和女柱。正对着中柱的橱柜占了一面墙壁，正中为神龛，其主体为供奉灶神的"托拉"，来源于老式的灶台，中间有个长方形的洞，是给猫睡觉的地方，据说猫可以由此洞跑到印度。托拉的上方供着佛像、香炉、净水，托拉的下面就是火塘和支大锅的铁三脚。火塘的正上方，有一个竖的风道直通屋顶，把烟排出去。

◂ 图5-15
南左村被废弃的老式灶台八宝纹样雕塑（郭净 摄影）

三层有的为佛堂，有的为夯土的平顶，三分之一的地方盖一排屋子，设置为佛堂。房顶安置一个烧香台，插一根经幡。在迪庆州藏族居多的德钦县和香格里拉县，藏族民居大致有两种式样：一种是夯土平顶的房子，见于澜沧江和金沙江焚风河谷地带，因干热少雨，屋顶可以用来晾晒粮食；另一种是用木片做瓦盖顶的房子，见于雨水、雪水较多的河谷、山谷和高原草坝地区。这两种房子都用版筑舂墙的工艺，墙体和窗户呈梯形，里面的梁柱和地板均为木料。沿两条大江南下，建筑风格由藏式逐渐变化到偏汉式和白族式样。

这样一座土掌房，是德钦藏族村民辛劳一辈子所追求的目标。当地的俗话说："藏族有钱盖房子。"不仅因为房子可以遮风避雨，也不仅因为它可以显示一户人家的财富。房子还被看作一个庇护人的空间，可以把山神与微小的家户连接起来。这种联系，透过弦子歌舞结尾的"吉祥辞"表达出来：

> 念青卡瓦格博多吉祥，
>
> 神山扎拉雀尼多吉祥，
>
> 房顶的经幡台多吉祥，
>
> 灶神如意宝贝多吉祥，
>
> 金色的炉灶多吉祥，
>
> 四方的火塘多吉祥，
>
> 日松贡波的三脚架多吉祥，
>
> 菩提般的中柱多吉祥，
>
> 虎皮斑纹的地板多吉祥，
>
> 长寿的舞伴多吉祥，
>
> 八瑞相的舞场多吉祥。
>
> 祈愿我们再相会，
>
> 福运降临多安康。[1]

1　根据木梭、斯那多吉的口译和讲解翻译。

这段歌词，从神山唱到屋顶祭祀山神的经幡，又唱到家里的灶神托拉和火塘，再唱到像三座圣山（日松贡波）的三脚架和神圣的中柱，唱到虎皮斑纹的地板，最后唱到跳舞的人和舞场。每一次跳完弦子，都要用这段歌舞收尾。作为一曲颂歌的终曲。在现实中，一座房屋使用天然的泥土和木头做材料，外观成梯形。房子和玛尼堆、铁三脚架的造型都与山的造型相似。它就像一块石头，融合在山的大背景里，丝毫不抢眼。房子大门的朝向也要和外部环境的气运相配合，东边是神灵之门（夏亚古），为大门朝向的首选；南边是地神之门（鲁霞古），为大门朝向的第二个选择；西边是死人之门（弄日古），不吉利；北边是战争之门（松哲古），门朝这边会带来厄运。[1] 房子的门窗和屋里的灶台、火塘等都讲究特定的朝向，正如一首德钦民歌唱的那样：

  大门面朝东方，
  来宾宛如暖阳；
  窗子开朝南方，
  亲家南来彩云；
  水橱安置西面，
  清泉源源不断；
  炉灶面朝北边，
  灶堂炉火旺盛。[2]

---

[1] 佳碧村立青平措讲述。
[2] 斯那农布：《妙语欢歌》，民族出版社，2006年，第210页。

这样做的目的，是强调家庭的"内神"与外部世界的呼应。诚如意大利藏学家图齐所说，藏族的家宅是一个小宇宙。[1]住在家屋里的人，通过屋子正中的中柱、房顶的经幡、山间插着经幡的玛尼堆、烧香台与神山建立联系，而神山则是人同大宇宙相联系的媒介，它是沟通大千世界和人的小世界的"天地之轴"。

△ 图5-16　与神山遥遥相望的玖龙村（郭净 摄影）

---

1 （意大利）图齐：《西藏和蒙古的宗教》，天津古籍出版社，1989年，第235页。

结语：自然圣境的意义

我们在乡村的实地调查中，发现两种基本的生态系统，一种是未受人干预，由自然之手形塑的"自然生态系统"（natural envionment），如雪岭、荒漠、森林、冰川等；另一种是受人的控制，甚至由人所创造的"人工生态系统"（built envionment），如乡镇、村庄、水坝、矿山、寺院，被开发利用的农地、草场、水体等。然而，人们还会在这两种景观之上，叠加一层蕴含着文化意义的"象征解释系统"，使它们能够整合为一体。这三者在地方文化中的整体展现，便是"自然圣境"。它是当地人民在与周围环境长期互动的历史过程中，通过文化手段认定的"自然—文化景观"（cultural-natural landscape）。这样的景观，在藏文化中称为"神山"。若以藏传佛教的立场来阐释，以神山为物质和精神实体的世界，包括外部空间、内部空间、秘密空间三个层次。

我们站在外部的视角，可以将卡瓦格博的自然圣境划分成自然、人工、神灵三个世界，其中的自然和神灵世界有部分是重叠的。

卡瓦格博自然圣境的主要特点是：将文化与环境视为一个有机的整体；运用传统信仰的力量，对自然环境进行空间划分，并对不同空间赋予文化的意义；对不同空间的自然资源，采取不同的利用方式，有的可以充分利用，有的只能有限利用，有的则不可以利用。自然圣境中的资源，因关系到整个社区的生存，其利用受到严格控制，甚至禁止对其开发利用；对圣境的内部空间不做人工改变，而保持原有物种的多样性；以信仰、道德和乡规民约作为自然圣境的主要管理模式，其运作需要全体社区成员的主动参与。

对自然圣境的认知和管理，属于地方性知识体系的重要组成部分。其基本观念，可以用"连续性的宇宙观"加以概括。人类学家张光直先生认为，世界的古代文明，有两种基本的模式：一种是西方式的"突破性"的文明，它的特征是经过技术、贸易等新的因素的产生，而造成对自然生态系统的突破，形成人与自然分割的文化体系；另一种是东方式的"连续性"的文明，它继承了历史上的许多文化传统，尤其延续了人在自然环境中与各种生命形式（植物、动物、灵魂）相互交融的文化观念。正如在佛教的哲学中，世间的生命没有本质的差别。天、人、阿修罗、畜生、饿鬼、地狱等六种生存的状态，可以通过"业力"（karma）控制的轮回之道而相互沟通和转换。因此，人与其他生命体，自然与神圣的事物，当处在流转的变动之中时，都是平等的，这即是地球生命共同体的含义。一个社群所赖以生存的山岳和野生动植物，与人的物质和精神世界密切相连。自然的山也有神性，人们在向它索取、利用它的各种资源的同时，也应当做出感激和回报。在特定的地方保持一块圣域，不去妄动那里的一草一木，便是以上信仰的体现。

把人地关系神圣化的传统，构成了神山信仰的基础。我们在四川亚丁日瓦乡调查的时候，仁村马队队长桑登讲了句意味深长的话：山上啥子都有，除了天上的四样东西（太阳、月亮、雨、星星），其他的全靠山。动物、牲口和人全部靠山，没有山就没有人了。桑登的讲述，包含着一种简朴的认识和态度：人才是山的被保护者。所谓神山，是因为它们给当地的人民提供了巨大的生活资源和思想资源，才受到人们的敬重。

值得注意的是，在现代的环境保护实践中，奠基于人与自然割裂的"自然环境观"，时常与立足于人与自然相互融合、相互作用的"文化环境观"发生冲突。这种冲突，因文化多样性的快速流失而加剧。我们应当认识到，构建人与万物的生命共同体，绝非仅靠技术和行政手段可以达成，这在本质上是一个重建自然文化多样性（biocultural diversity）的过程。

对卡瓦格博自然圣境的研究让我们认识到：各民族世代传承下来的文化认知和规范，为"社区参与保护"提供了文化基础和民间制度保障。其实，这些被当地传统认定的"神山""神林"和"圣水"，涵盖的范围要远远大过各级政府圈定的"自然保护区"。而能够参与这些自然圣境保护和管理的村民，不知要比保护区管理部门的人数多出多少倍，更何况他们是在守护自己的山林和土地。如果我们能恰当地运用"自然圣境"的理念，将环境保护与当地的文化传统相结合，便可能以更加合理、更加开放、更加有效的方式，来维护我们与其他生物共有的家园。

自然圣境的理念不仅有指导实践的价值，也能在学术上帮助我们去整理、归纳少数民族传统中的基本概念和分类方法，进而从底层开始，促进地方性知识体系的重建，并以此为基础，重塑我们的学术景观。

山不在高，有仙则名。
水不在深，有龙则灵。

参考文献

一、档案

《云南少数民族调查资料·藏族》422卷4号《迪庆州材料》，云南省社科院图书馆特藏。

二、著作

1. 阿吉兹：《定日人家》，西藏人民出版社1987年版。

2. 阿图、徐国琼、解世毅翻译整理：《格萨尔——加岭传奇》，中国民间文艺出版社1984年版。

3. 巴卧·祖拉陈瓦著：《贤者喜宴》，黄颢、周润年译注，中央民族大学出版社2010年版。

4. 才巴·贡嘎多杰：《红史》（藏文），民族出版社1981年版。

5. 德钦县人民政府编：《德钦县地名志》，德钦县地名办1986年版。

6. 德钦县政府：《德钦年鉴（2001）》，云南美术出版社2001年版。

7. 方震东：《绒赞卡瓦格博》，云南美术出版社1997年版。

8. 冯智：《云南藏学研究》，云南民族出版社2007年版。

9. 《噶玛巴曲英多杰文集》（藏文），四川人民出版社2004年版。

10. 噶玛·才旺滚巧：《噶玛巴活佛传》，云南民族出版社1998年版。

11. 噶陀司徒·确吉嘉措：《噶陀司徒卫藏圣地志》（藏文），四川民族出版社2001年版。

12. 郭净：《雪山之书》，云南人民出版社2002年版。

13. 黄举安：《云南德钦设置局社会调查报告》，1948年，德钦县档案馆藏。

14. 金敦·沃德：《神秘的滇藏河流——横断山脉江河流域的人文与植被》，四川民族出版社2002年版。

15. 拉木·嘎吐萨主编：《摩梭达巴文化》，云南民族出版社1999年版。

16. 李方桂、柯蔚南著：《古代西藏碑文研究》（藏汉），王启龙译，西藏人民出版社2006年版。

17. 李锦：《家屋与嘉绒藏族社会结构》，社会科学文献出版社2017年版。

18. 刘冬梅：《造像的法度与创造力》，民族出版社2012年版。

19. 洛桑·灵智多杰主编，年保玉则生态环境协会著：《年保玉则志》（藏文），中国藏学出版社2019年版。

20. 洛桑·灵智多杰主编：《青藏高原山水文化导论》，中国藏学出版社2018年版。

21. 洛珠加措、俄东瓦拉译：《莲花生大师本生传》，青海人民出版社2007年版。

22. 马建忠、白马康主、韩明跃编著：《梅里雪山生物多样性保护研究》，云南科技出版社2011年版。

23. 美德诺·斯郎伦布主编：《飞翔的雪山——德钦民间弦子歌词汇编》（藏汉），云南民族出版社2011年版。

24. 美德诺·斯朗伦布：《卡瓦格博史迹》，民族出版社2018年版。

25. 内贝斯基著：《西藏的神灵与鬼怪》，谢继胜译，西藏人民出版社1993年版。

26. 欧晓昆、张志明、王崇云、吴玉成：《梅里雪山植被研究》，科学出版社2006年版。

27. 潘发生、彭建生：《横断山"三江并流"腹地野生观赏植物》，中国民族摄影艺术出版社2008年版。

28. 齐扎拉：《中国藏区县域经济探索》，云南民族出版社1997年版。

29. 祁继先：《探访卡瓦格博纪行》，云南民族出版社2018年版。

30. 仁钦都吉、阿旺曲批：《迪庆红坡寺志》（藏文），中国摄影出版社2008年版。

31. 仁钦多吉、祁继先：《雪山圣地卡瓦格博》（藏汉），云南民族出版社1999年版。

32. 绒巴扎西：《云南藏区可持续发展研究》，云南民族出版社2001年版。

33. 施传刚：《永宁摩梭》，云南大学出版社2008年版。

34. 石泰安著：《西藏的文明》，耿昇译，中国藏学出版社2005年版。

35. 斯那多居、扎西邓珠编著：《圣地卡瓦格博秘籍》（藏汉），云南民族出版社2007年版。

36. 斯那农布：《妙语欢歌》（藏汉），民族出版社2006年版。

37. 索南本编著：《祭祀颂词集》（藏文），民族出版社2003年版。

38. 王海涛编：《云南历代壁画艺术》，云南美术出版社、云南人民出版社2002年版。

39. 王恒杰：《迪庆藏族社会史》，中国藏学出版社1995年版。

40. 王森：《西藏佛教发展史略》，中国藏学出版社2010年版。

41. 王尧、陈践译注：《敦煌吐蕃历史文书》（藏汉），民族出版社1992年版。

42. 吴良镛编：《滇西北人居环境可持续发展规划研究》，云南大学出版社2000年版。

43. 徐健、张巍巍主编：《梅里雪山自然观察手册》，中国大百科全书出版社2011年版。

44. 杨福泉：《纳西族与藏族历史关系研究》，民族出版社2005年版。

45. 云南省编辑组：《永宁纳西族社会及母系制》（一）（二），民族出版社2009年版。

46. 扎西尼玛、马建忠：《雪山之眼》，云南民族出版社2010年版。

47. 章忠云：《云南藏族志·聆听乡音》，云南大学出版社2006年版。

48. 赵心愚：《纳西族与藏族关系史》，四川人民出版社2004年版。

49. 《中央访问团第二分团云南民族情况汇集》（上），云南民族出版社1986年版。

50. 朱维明：《梅里雪山及附近地区维管植物》，科学出版社2006年版。

51. Emily T. Yeh and Chris Coggins, edited, *Mapping Shangrila*, University Washington Press, 2014.

52. Karl Debreczeny, *The Black Hat Eccentric*, Rubin Museum of Art, 2012.

三、项目报告

1. 迪庆子课题调查组：《滇西北大河流域保护与行动计划文化模块——迪庆子课题最终报告》，2000年。

2. 郭净、郭家骥、章忠云、张志明、杨劲松：《卡瓦格博拟建保护区对当地社区的影响》，2000年。

3. 郭净、章忠云、王晓松、刘群、和建华、汤元成、尹红旗、苏熊娟：《滇西北大河流和保护与发展计划文化模块——迪庆子课题最终报告》，2000年。

4. 章忠云：《云南藏区生态保护地社区问题及对策研究》，国家社科基金项目（编号19BMZ150），2021年。

四、文章

1. 阿错：《古藏文文献中的姜及姜域解读》，《西藏民族大学学报》（哲学社会科学版）2019年第4期。

2. 阿旺贡觉等：《察瓦龙民俗文化综览》，《西藏研究》2012年第5期。

3. 奔厦·泽米、杨俊伟：《普米族释比戎肯葬礼场域的社会关联》，《民族艺术研究》2011年第1期。

4. 奔厦·泽米：《普米族白石崇拜的文化解读》，《云南民族大学学报》（哲学社会科学版）2011年第3期。

5. 奔厦·泽米等：《普米族韩归古籍的文化内涵及其价值》，《云南师范大学学报》（哲学社会科学版）2010年第4期。

6. 陈波：《以藏文明为中心看中国》，《文化纵横》2016年第5期。

7. 陈福斌：《"横断山脉"一词的由来》，《山地研究》1984年第3期。

8. 陈永森：《云南第一峰——梅里雪山简介》，《云南师范学院学报》（哲学社会科学版）1980年第2期。

9. 冯智：《东巴教与滇西北苯教流行史迹试探》，《中国藏学》2008年第3期。

10. 高国荣：《近二十年来美国环境史研究的文化转向》，《历史研究》2013年第2期。

11. 贡布多加：《康区察瓦龙历史沿革及其地名称谓考究》，《西藏研究》2020年第1期。

12. 郭净、和建华：《噶玛噶举派云南传播史略》，杨福泉主编：《中国西南文化研究》（云南宗教专题），云南人民出版社2014年版。

13. 何贝莉：《苯教及其三界宇宙观》，《中国藏学》2016年第2期。

14. 何贝莉：《须弥山与拉、鲁、念》，《中国民族报》2014年3月14日。

15. 卡尔·德布里斯尼著，邓云斐译：《佛陀之法在姜地》，郭净、和建华等：《藏传佛教噶玛噶举派在滇西北传播的历史研究结项报告》，杨福泉主编：《西南文化研究》第22辑，云南人民出版社2014年版。

16. 李炳元：《横断山区地貌区划》，《山地研究》1989年第1期。

17. 李旺旺：《浅谈门隅与西藏的历史关系》，《西藏民族学院学报》2014年第4期。

18. 李学龙：《藏族鸡足山朝圣初探》，《宗教学研究》2014年第1期。

19. 吕培炎：《云南第一高峰——梅里雪山》，《云南林业规划》1980年第3期。

20. 毛舒欣、沈园、邓红兵：《生物文化多样性研究进展》，《生态学报》2017年第24期。

21. 明庆忠：《山地高梯度森林生物质能效应研究Ⅱ：案例》，《山地学报》2011年第4期。

22. 木仕华：《藏族苯教神祇与纳西东巴教神祇关系论析》，《西藏民族大学学报》（哲学社会科学版）2016年第4期。

23. 娘毛加：《试析藏族传统区域的划分法及其含义》，《四川民族学院学报》2014年第2期。

24. 裴盛基：《自然圣境与生物多样性保护》，《中央民族大学学报》（自然科学版）2015年第4期。

25. 钱光胜：《藏地朝圣五台山、鸡足山比较研究》，《西藏大学学报》（社会科学版）2017年第2期。

26. 沈园、李涛、唐明方、邓红兵：《西南地区生物文化多样性空间格局定量研究》，《生态学报》2019年第4期。

27. 施雅风、李吉均、李炳元：《晚新生代青藏高原的隆升与东亚环境变化》，《地理学报》1999年第1期。

28. 石硕：《藏族三大传统地理区域形成过程探讨》，《中国藏学》2014年第3期。

29. 斯蒂文·郝瑞（Stevan Harrell）：《生态环境：被错失的中国历史视角》，《东方历史评论》第七辑。

30. 斯朗伦布、扎西尼玛：《卡瓦格博的传说》，德钦文史资料委员会编《德钦文史资料》第一辑。

31. 孙鸿烈、李文华、章铭陶、韩裕丰：《青藏高原综合科学考察》，《自然资源》1986年第3期。

32. 索端智：《藏族信仰崇拜中的山神体系及其地域社会象征》，《思想战线》2006年第2期。

33. 滕吉文、司芗、王谦身、张永谦、杨辉：《青藏高原地球科学研究中的核心问题与理念的厘定》，《地球物理学报》2015年第1期。

34. 王晓松：《木氏土司与藏传佛教噶举教派法缘关系浅谈》，《云南藏学研究论文集》第二集，云南民族出版社1997年版。

35. 王尧：《唐波会盟碑疏释》，《历史研究》1980年第4期。

36. 谢春波：《利家嘴田野笔记》，章忠云主编：《云南乡村影像研究》，民族出版社2018年版。

37. 谢继胜：《藏族的山神神话及其象征》，《西藏研究》1993年第4期。

38. 徐丽华：《云南藏文古籍概述》，《中国藏学》2002年第2期。

39. 杨福泉：《论唐代吐蕃苯教对东巴教的影响》，《思想战线》2002年第2期。

40. 杨嘉铭：《绘在最高处：噶玛噶孜画派与德格》，《佛教文化》2006年第4期。

41. 叶拉太：《古代藏族地域概念的形成与演变》，《中国藏学》2013年第2期。

42. 益西邓珠土登彭措：《藏族传统历史文献中康藏区域概说解读》，《西南民族大学学报》（人文社会科学版）2016年第8期。

43. 张国华译：《绒赞卡瓦格博颂》，《迪庆方志》1992年第2期。

44. 张辉：《环境意识与地方性的重构》，《中国农业大学学报》2020年第 2 期。

45. 赵心愚：《敦煌古藏文写卷中的 jang》，《中国藏学》2006 年第 3 期。

46. Robert K. Moseley and Renee B. Mullen, The Nature Conservancy in Shangrila, Emily T. Yeh and Chris Coggins, edited, *Mapping Shangrila*, University Washington Press 2014.

47. Robert K. Moseley and Renee B. Mullen, The Nature Conservancy in Shangrila, Emily T. Yeh and Chris Coggins, edited, *Mapping Shangrila*, University Washington Press 2014.

五、学位论文

1. 阿错：《明清时期噶玛噶举派姜域传播研究》，西南民族大学博士学位论文，2019 年。

2. 才让卓玛：《普米熙布仪式中的多元身份认同研究》，西南大学硕士学位论文，2014 年。

3. 冯欣：《梅里雪山沿海拔梯度植物物种丰富度研究及 rapoport 法则的检验》，云南大学博士学位论文，2013 年。

4. 何贝莉：《桑耶寺：仪式空间与文明的宇宙观》，北京大学博士学位论文，2013 年。

5. 李雪：《普米族文化地域差异性研究》，云南大学硕士学位论文，2013 年。

6. 刘志文：《长江上游地区天然林保护的政策研究》，西南林业大学博士学位论文，2001 年。

7. 明庆忠：《纵向岭谷北部三江并流区河谷地貌发育及其环境效应研究》，兰州大学博士学位论文，2006 年。

8. 习建勋：《仪式舞蹈的分析范式反思：东坝村纳罕人东巴仪式蹉戈的个案研究》，云南大学博士学位论文，2020 年。

9. 熊歆：《宁蒗普米族韩归文化传承研究》，云南大学硕士学位论文，2013 年。

10. 杨从华等：《云南核桃种质资源调查初报》，《西部林业科学》2018 年 5 期。

11. 杨黎浩：《早期藏族苯教历史研究》，陕西师范大学博士学位论文，2016 年。

12. 英加布：《域拉奚达与隆雪措哇》，兰州大学博士学位论文，2013 年。